Шри Мата Амританандамайи

Биография

в изложении

Свами Амритасварупананды Пури

Mata Amritanandamayi Center, San Ramon
Калифорния, США.

Биография Шри Маты Амританандамайи

в изложении Свами Амритасварупананды Пури
Перевод с англ.

Издатель:
Mata Amritanandamayi Center
P.O. Box 613
San Ramon, CA 94583
Соединенные Штаты

——————— *Mata Amritanandamayi – A Biography (Russian)* ———————

Первое издание М.А. Центра: Апрель 2016 г.

Русский сайт: www.ru.amma.org

Сайты в Индии:
www.amritapuri.org
inform@amritapuri.org

Эта книга преподносится к лотосным стопам
нашей возлюбленной Аммы –
источнику красоты и любви.

Содержание

Песни

Предисловие

О Мать! Это восхваление из слов в Твою честь, составленное из Твоих собственных слов, подобно поклонению света Солнцу, совершаемому его собственными лучами, приношению в честь Луны водой, исходящей из лунного камня, и умилостивлению океана его собственными водами.

Саундарья-лахари, 100

В этой книге повествуется о подвижнице, к которой может прийти каждый, с которой можно пообщаться и рядом с которой можно почувствовать Бога. Она смиренна, но при этом непоколебима, как земля. Она проста и при этом прекрасна, как полная луна. Она – Любовь, она – Истина, она – воплощение самоотречения и самопожертвования. Она не только учит, но и осуществляет учение на практике. Она всё отдает другим и ничего не берет себе. Она нежна, как цветок, но тверда, как алмаз. Она – великий Учитель и великая Мать. Такова Мата Амританандамайи.

Она родилась с полным осознанием. Совершив или изобразив совершение (нам не ведомо, что именно это было) суровой *садханы* (духовной практики), она объяла весь мир с беспредельными любовью и состраданием – любовью и состраданием, которые составляют саму ее суть.

Она с самого детства устремлялась к Божественному, несмотря на то, что у нее не было гуру. Она выдерживала нападки родственников, рационалистов и недоброжелателей, которые пытались уничтожить ее. Будучи в полном одиночестве среди этого поля битвы, она сохраняла невозмутимость и непоколебимое мужество. В возрасте 21 года она внешне проявила состояние Богореализации, а в 22 года начала давать духовное посвящение искателям истины. К 27 годам она основала в родном доме духовный центр международной миссии. Пять лет спустя появилось уже почти 20 отделений *ашрама* (духовного центра) как в Индии, так и за рубежом. В возрасте 33 лет, в ответ на приглашение от преданных из Америки и Европы, она совершила первое мировое турне, вдохновив многих людей во всем мире и дав им импульс к духовному росту.

Благодаря мудрым наставлениям и материнской заботе, она избавила от бремени страданий многие тысячи людей из разных уголков земного шара, самых разных национальностей и вероисповеданий, занимающих самое разное положение в обществе, и продолжает свою подвижническую деятельность. Пусть интуиция Вашего сердца, дорогой читатель, сама подскажет Вам, кто такая Мата Амританандамайи.

Свами Амритасварупананда Пури

Легенда

В панчаяте[1] Алаппад, округ Коллам, штат Керала Южной Индии, есть маленькая деревня под названием Параякадаву. Она притаилась среди бесконечных зарослей кокосовых пальм, тянущихся вдоль узкого полуострова, отделенного от материка с восточной стороны заводью и омываемого с западной стороны искрящимися сине-зелеными водами Аравийского моря.

Жители этой деревни принадлежат к простому клану рыбаков, которые гордятся тем, что ведут свою родословную от самого мудреца Парашары. Это тот самый Парашара, который женился на рыбачке, по имени Сатьявати, – матери Шри Ведавьясы, известного систематизатора Вед[2]. Существует множество легенд, повествующих о святости и величии этой деревни, где повседневная жизнь и традиции по-прежнему тесно связаны с мифами о богах. Сельские жители непоколебимо верят, что описанные в них события действительно имели место тысячи лет назад. Вот одна из таких легенд.

Однажды Господь Субрахманья[3] – сын Господа Шивы и Богини Парвати – совершил серьезную ошибку. Разгневанный проступком сына, Господь Шива проклял Субрахманью,

---

[1] Объединение пяти деревень.
[2] Древние авторитетные Священные Писания индуизма, считающиеся богооткровенными.
[3] Другое имя – Шри Муруга, брат Шри Ганеши.

заставив его родиться рыбой. Опечаленная судьбой сына, Парвати попросила Господа простить ошибку Субрахманьи. Вместо того чтобы утешить ее, Шива рассердился еще больше и обрек Парвати на то, чтобы родиться рыбачкой. Позже, когда гнев Господа Шивы утих, он поведал Субрахманье, что в надлежащее время сам придет и освободит их обоих, таким образом, благословив их.

В соответствии с проклятием Господа Шивы, Господь Субрахманья принял облик рыбы, точнее, огромного кита. Появляясь в море в районе Алаппада, кит причинял рыбакам большой вред. Привыкшие ловить рыбу и днем, и ночью, рыбаки теперь уже не отваживались выходить в море. Иногда кит рвал забрасываемые рыбаками сети в клочья, а иногда даже опрокидывал их лодки, подвергая опасности их жизни. Жители деревни были обречены на бедность и голод.

Царь рыбаков не мог найти выход из этой ситуации. Его казна была уже почти разорена, поскольку он кормил голодающих людей. Наконец, стремясь решить эту проблему, он сделал следующее заявление: тот, кто сможет поймать назойливого кита, будет богато вознагражден, а также получит в жены красавицу-дочь царя. Однако гигантский кит внушал всем такой страх, что никто не спешил принимать этот вызов. Когда царь и его подданные пришли в полное уныние, с севера загадочным образом явился некий старик. Никто не знал, кто он. Подойдя к царю, согбенный старец смело заявил, что может поймать огромного кита и спасти людей от полного разорения. Старик уверенно направился к морю в сопровождении изумленного царя и его подданных.

Сплетя длинную веревку из лозы, старик забросил один ее конец в море, а другой крепко зажал в руке. Веревка из лозы окружила то место, где под водой находился огромный кит. Передав веревку рыбакам, старик приказал им тянуть изо всех сил, повторяя особую *мантру* (священную формулу). Согласно предписанию старика, рыбаки начали тянуть веревку, повторяя эту *мантру*. После многих часов невероятных усилий гигантская рыбина, пойманная в веревку из лозы, была притянута к берегу. Внезапно, ко всеобщему изумлению, кит исчез и на его месте оказался Господь Субрахманья, освобожденный Господом Шивой от проклятия. На том месте, где гигантская рыбина была притянута к берегу, впоследствии построили храм в честь Господа Субрахманьи. Этот храм стоит там и сегодня, напоминая нам об этой древней истории.

Легенда на этом не заканчивается. Теперь Господь Шива в облике старика подошел к царю и стал требовать в качестве награды руку царевны. Царь, обещавший свою единственную дочь герою, который спасет его народ, оказался перед дилеммой. Он и его подданные пребывали в полном смятении. Как мог царь отдать свою молодую красавицу-дочь замуж за старика? Царь умолял его попросить что угодно, только не руку дочери. Старик невозмутимо ответил, что царь должен быть верен своему слову и сдержать свое обещание.

Царь оказался в весьма затруднительном положении. Сила рыбаков была в правдивости; они твердо верили, что правда их защищает. Они говорили, что если человек неправдив, то, отправляясь ловить рыбу, он прыгает в широко открытую свирепую пасть смерти. Царь впал в оцепенение; он не мог ни нарушить свое обещание, ни отдать замуж за старика свою любимую дочь-царевну. В этот момент царевна, которая в действительности была самой Богиней Парвати, выступила вперед и уверенно сказала: «Отец и благороднейший царь, долг всех и каждого – защищать и поддерживать *дхарму* (праведность). Ничто не должно препятствовать этому». Опечаленному царю ничего не оставалось, как позволить ей уйти со стариком. Никто и не подозревал, что маленькое рыбацкое царство стало сценой Божественной драмы, в которой воссоединились Господь Шива и Богиня Парвати. С тяжелым сердцем люди некоторое время следовали за Божественной четой, спрашивая: «Куда вы идете? Мы хотели бы пойти с вами». В ответ услышали: «У нас нет никакого конкретного местопребывания (*уру*); то место, куда мы придем, и будет нашим местопребыванием (*челлунна уру*)».

Сопровождаемые рыбаками, Господь Шива и Богиня Парвати продолжали свой путь и, в конце концов, дошли до места, где остановились. Господь Шива повернулся лицом к востоку, а Богиня Парвати – лицом к западу, и они превратились в каменные образы. *Челлуруна уру* (достигнутое место) в наши дни известно как Ченганнур.

Со временем там был построен храм. Когда в нем начали проводить ежедневные богослужения, стали происходить очень странные явления. Всякий раз, когда в святая святых[4] приносили воду для совершения обряда, священники обнаруживали в принесенной воде рыбу. Это делало невозможным совершение ежедневных обрядов поклонения Богу. Чтобы найти решение этой проблемы, администрация храма сделала астрологические вычисления и раскрыла вышеприведенную историю Господа Шивы, Богини Парвати и проклятия, наложенного на Господа Субрахманью. Астрологическое толкование также показало, что бракосочетание старика и царевны так никогда и не было совершено. Согласно традиции, жители побережья Алаппада, где богиня Парвати родилась в семье рыбака, должны были прийти с приданым и другими брачными подношениями в Ченганнур, чтобы провести церемонию бракосочетания. Некоторое время спустя в Ченганнуре и Алаппаде были сделаны необходимые приготовления. Деревенские жители Алаппада собрали все необходимые атрибуты и украшения и совершили путешествие в Ченганнур для проведения церемонии Божественного бракосочетания. И по сей день

---

[4] Помещение, в котором находится алтарь с образом божества.

каждый год в праздничный сезон эта церемония соверша-ется вновь, в память о древней легенде. Храм по-прежнему остается центром, привлекающим тысячи преданных.

Несколько десятилетий назад произошел интересный случай, связанный с этой историей. Однажды жители побе-режья Алаппада решили не принимать участия в празднике. В нарушение освященных традицией правил, они не сделали необходимых приготовлений, считая бессмысленным и расточительным тратить большие деньги на путешествие в Ченганнур. Они подумали: «Почему мы должны помогать в организации праздника, который проводится так далеко?» В ченганнурском храме сразу же начали происходить зага-дочные события. Празднично украшенный слон, который должен был участвовать в процессии и нести статую Госпо-да, стоял неподвижно, отказываясь сделать даже шаг. Все попытки заставить его сдвинуться с места были тщетными. Сообщение об этом неблагоприятном происшествии было немедленно послано в Алаппад. Но было слишком поздно: там уже вспыхнула эпидемия оспы. Осознавая свою ошибку и глубоко раскаиваясь, деревенские жители без промедления проделали весь путь до Ченганнура и, согласно традиции, внесли необходимый вклад в организацию праздника.

Таковы древние сказания, которые глубоко вплелись в ткань жизни обитателей этой прибрежной местности. Стоит ли после этого удивляться, что это священное место вновь стало центральной сценой Божественной драмы?

Глава первая

С самого рождения

С самого рождения я страстно любила имя Божье. Так сильно, что повторяла его непрестанно, с каждым дыханием, и, где бы я ни находилась и какую бы работу ни выполняла, в моем уме непрерывно струился поток Божественных мыслей. Такое постоянное памятование Бога с любовью и преданностью окажет огромную помощь любому искателю истины в достижении Божественной реализации.

Мата Амританандамайи

Великие святые наделяют места паломничества свято-
стью, вдохновляют праведные и благородные поступки
и утверждают духовный авторитет Священных Писаний.
Когда рождается подобный святой, прародители ликуют,
боги танцуют от радости, а земля обретает Спасителя.

Бхакти-сутры Нарады, 69, 71

Родословная

Семья Идаманнель принадлежала к древнему роду, чья
земля в деревне Параякадаву составляла небольшую
часть панчаята Алаппада. Хотя наследственным
занятием членов семьи было рыболовство, они выполняли
и другую работу. Совершение религиозной практики и
соблюдение различных обетов было неотъемлемой частью их
повседневной жизни. Рыбаки этого семейства также слави-
лись щедростью. Возвращаясь с моря с дневным уловом, они
первым делом отдавали часть рыбы даром всем собравшимся
деревенским жителям. После продажи дневного улова они
раздавали горстку монет всем детям.

В роду Идаманнель рождалось много благочестивых
людей. Шри Велаюдхан был одним из них. Он был чрезвычайно сострадательным, правдивым и щедрым человеком,
твердо придерживавшимся идеала *ахимсы* (ненасилия). Он
не позволял убивать даже крысенка. Велаюдхан женился
на Шримати Мадхави, целомудренной и благочестивой
женщине, которая обычно вставала рано утром, до рассвета, чтобы сплести цветочные гирлянды для всех божеств
семейной алтарной комнаты[1]. Работая, она всегда повторяла
Божественные имена. Даже много лет спустя, когда ей пере-
валило за восемьдесят, она ежедневно сидела перед храмом,
изготавливая гирлянды с той же преданностью Богу.

---

[1] Специально отведенное в доме место для поклонения Богу.

Сугунанандан был старшим из пяти детей. Вдохновляемый религиозной атмосферой своей семьи, он стал искренним преданным Господа Кришны[2]. Когда ему было девять или десять лет, он начал изучать *катхакали* – керальский классический стиль танцевальной драмы, повествующей об играх и забавах богов и богинь. В ходе представления актеры рассказывают историю языком танца и *мудр* (Божественных жестов), а хор – посредством песен. Сугунанандан любил исполнять роль Шри Кришны больше всех других персонажей. Однажды во время представления в стиле *катхакали* он настолько вошел в роль Кришны, что потерял сознание и упал прямо на сцене.

Владение Идаманнель[3] находилось в тихом, спокойном месте. Оно было с трех сторон окаймлено заводями, изобиловавшими дикой живностью, и окружено пышной растительностью: кокосовыми пальмами, кешью и другими фруктовыми деревьями. В те дни поблизости было очень мало домов. Возвращаясь домой из школы, Сугунанандан, которому было лет тринадцать-четырнадцать, и его кузен любили забираться на деревья кешью и лакомиться их вкусными плодами. Однажды, когда мальчики были заняты сбором кешью, они заметили, что к Идаманнелю приближается длинноволосый бородатый *санньясин* (странствующий монах). Они никогда не видели его прежде и были поражены его лучезарным видом. Побродив какое-то время по участку, *санньясин* внезапно залился блаженным смехом и громко

---

[2] Основное воплощение Вишну. Кришна родился в царской семье, но воспитывался приемными родителями. В юности он был пастухом во Вриндаване, где его товарищами были *гопи* (молочницы, пасту́шки) и *гопы* (пастухи), которые любили его и поклонялись ему. Впоследствии Кришна стал правителем Двараки. Он был другом и наставником своих двоюродных братьев, Пандавов, в особенности Арджуны, которому он поведал свое учение, изложенное в Бхагавадгите.

[3] Идаманнель – это и фамилия, и название дома.

заявил: «Я вижу множество аскетов, сидящих в глубокой медитации в этом месте. Ранее оно было обителью многих Великих Душ, чьи останки покоятся в этой земле. Многие *санньясины* обретут здесь освобождение. Это место станет святым». *Санньясин* вновь радостно засмеялся и продолжил свой путь. Озадаченные заявлением монаха, мальчики вернулись к своим детским забавам. Пройдет много лет, и Сугунанандан и его кузен в изумлении покачают головами, вспомнив пророческие слова *санньясина*.

Вскоре Сугунанандан подрос и стал заниматься продажей рыбы. Когда ему исполнился двадцать один год, он женился на Дамаянти, двадцатилетней девушке из соседней деревни Пандаратурутту. Дамаянти происходила из благочестивой семьи, члены которой каждый день неукоснительно совершали религиозную практику. У ее семьи даже был собственный храм. С детства Дамаянти вела добропорядочный образ жизни. Ее отец, Пуньян, и мать, Карутта Кунья, были образцовыми преданными Бога. Вся семейная атмосфера способствовала тому, чтобы Дамаянти стала глубоко верующей.

Дамаянти была настолько благочестивой, что деревенские жители почтительно называли ее Паттатхи Амма, или «женщина-брахман». Поскольку преданность Богу была средоточием ее жизни, она практически каждый день недели соблюдала какой-нибудь религиозный обет. Она часто постилась, а прекращала пост, выпивая воду из зеленых кокосов, которые загадочным образом падали с деревьев.

У Дамаянти и Сугунанандана родились тринадцать детей, но четверо умерло при рождении, а еще один – через пятьдесят три дня после рождения. Имена, данные остальным детям, – четырем дочерям и четырем сыновьям – приводятся ниже в порядке убывания старшинства: Кастурбаи[4],

---

[4] Далее упоминаемая как Кастури.

Сунил Кумар[5], Судха́мани, Сугунамма, Саджани, Суреш Кумар, Сатиш Кумар и Судхир Кумар. Именно Судхамани было суждено стать известной во всем мире как Мата Амританандамайи, Мать бессмертного блаженства.

Во время четвертой беременности у Дамаянти появились странные видения. Иногда ей снились дивные сны о Господе Кришне, а иногда она созерцала Божественную игру Господа Шивы и Дэви, Божественной Матери. Однажды ночью Дамаянти приснилось, что к ней подошла загадочная фигура и вручила ей идола Шри Кришны, отлитого из чистого золота. Примерно в то же время Сугунанандану приснился сон о Божественной Матери. Будучи преданным Господа Кришны, он не мог понять, почему ему вдруг явилась Дэви. Рассказав об этом Дамаянти, он узнал, что в последнее время у нее тоже было много странных видений. Супруги пытались понять значение этих знаков и гадали, не предвещают ли они, что судьба вскоре преподнесет им какой-то большой подарок.

В это время Сугунанандан и Дамаянти жили в маленькой хижине на берегу моря, поскольку это было удобнее для рыбацкого промысла, чем жить в другой хижине, расположенной на участке Идаманнель приблизительно в пяти минутах ходьбы в глубь суши. Во время трех предыдущих беременностей, за несколько недель до родов, у Дамаянти всегда опухало всё тело. Это было для нее знаком, что пора отказаться от тяжелой работы и вернуться в отчий дом в Пандаратурутту, где о ней могли позаботиться во время родов.

Дамаянти всё еще ждала опухания тела, когда однажды ночью ей приснился дивный сон: она родила Кришну, Он лежит у нее на коленях и пьет ее грудное молоко. На следующее утро, работая на берегу моря, она внезапно почувствовала приближение родов. Дамаянти не придала значения

---

[5] Далее упоминаемый как Субхаган.

этому ощущению, поскольку ожидаемое ею опухание тела еще не наступило. Однако странное ощущение не исчезало, и Дамаянти прервала работу. По какой-то необъяснимой причине ее потянуло в Идаманнель и, в одиночку переправившись через заводь, она направилась в глубь суши. Войдя в маленькую хижину, она начала собирать кое-какие вещи. Мгновение спустя она испытала знакомое ощущение и поняла, что вот-вот родит. Едва она успела расстелить циновку и лечь, как ребенок появился на свет! Дамаянти была потрясена. Она заметила, что младенец – девочка. Во время рождения малышки царила атмосфера полного безмолвия и покоя. Помимо первоначального ощущения, которое было для нее предупреждающим знаком, Дамаянти не испытывала никакого недомогания. Когда она начала приходить в себя, ее охватило беспокойство. Жив ли ребенок? Она не слышала, чтобы новорожденная кричала. Дамаянти с тревогой осмотрела девочку. Теперь она была поражена еще больше. На крошечном личике малышки сияла улыбка! Пристальный взгляд детских глаз проник в самое сердце Дамаянти, навсегда запечатлевшись в ее памяти.

В этот момент в дверях хижины появилась женщина из соседнего дома. Быстро поняв, что произошло, она засуетилась вокруг матери и ребенка, чтобы устроить их поудобнее. Так утром 27 сентября 1953 года в скромной хижине из переплетенных пальмовых листьев, под звук океанских волн, доносившийся с близлежащего берега, родилась крошечная девочка.

Родители были озадачены темно-синим цветом кожи малышки и тем, что она лежала в *падмасане*[6], держа пальцы в *чинмудре*[7] – кончик ее большого пальца касался

---

[6] Йоговская поза лотоса.
[7] Жест, символизирующий единство индивидуальной души со Всевышним.

указательного, образовывая круг. Они боялись, что этот темно-синий цвет мог быть симптомом какой-то странной болезни и что необычное положение тела могло быть вызвано неправильным строением скелета и смещением костей. Обратились к разным докторам. Опасение в отношении патологии костей исчезло, так как врачи подтвердили отсутствие подобного дефекта. Что касается оттенка кожи, то он не мог быть обусловлен наследственностью, поскольку и у Дамаянти, и у Сугунанандана кожа была светлая, желтовато-коричневого цвета. Родителям посоветовали не купать ребенка в течение шести месяцев в надежде, что таинственный недуг пройдет.

Шесть месяцев спустя у малышки по-прежнему сохранялся темно-синий цвет кожи, напоминающий о Господе Кришне и Божественной Матери Кали[8]. С течением времени темно-синий цвет кожи сменился темно-коричневым. Тем не менее, когда девочка особенно сильно жаждала узреть Господа Кришну, ее кожа вновь приобретала синеватый оттенок. Подобный синеватый оттенок кожи можно наблюдать у Маты Амританандамайи и сегодня, особенно когда она являет Божественные состояния сознания Кришны и Дэви.

По иронии судьбы, именно из-за сине-черного цвета кожи девочки Дамаянти и другие члены семьи стали испытывать к ней сильное презрение. Их неприязнь к темнокожей малышке в конечном счете привела к тому, что с ней стали обращаться, как со служанкой семьи и родни, не нуждающейся в благодарности. Ей придавали столь мало значения, что даже о ее рождении сообщили лишь нескольким близким

---

[8] Один из аспектов Божественной Матери. Ее имя означает «темная», что указывает на ее беспредельность и недоступность интеллектуальному пониманию. Ее образ может показаться устрашающим, так как она – разрушительница эго. Но за страшной внешностью скрывается любящая Мать, которая защищает своих детей и дарует им просветление.

родственникам – ведь это была девочка, к тому же Дамаянти уже произвела на свет трех других детей.

Кто мог представить, что этот ребенок со странной синеватой кожей, родившийся с блаженной улыбкой на устах в маленькой хижине на берегу Аравийского моря, на самом деле был духовным гигантом, явившимся на землю, чтобы подарить мир и Божественную любовь страждущему человечеству? Кто мог предугадать, что малышке суждена духовная миссия – помочь многим тысячам искателей истины пересечь океан перерождений[9]?

С самого рождения девочки ее семья начала замечать необычные знаки, которые стали понятными лишь годы спустя. Как правило, прежде чем ребенок начнет ходить, в его развитии наблюдается несколько стадий. Сначала он лежит на спине, затем переворачивается, лежит на животе и приподнимается, опираясь на предплечья. Потом ребенок начинает ползать и через несколько месяцев встает на ноги, держась за что-нибудь. В конце концов, в возрасте примерно одного года, ребенок начинает ходить. С малышкой дело обстояло совершенно иначе, поскольку она не проходила ни одну из этих стадий. Однажды, когда ей исполнилось шесть месяцев, девочка вдруг встала и сразу пошла по веранде. Вскоре после этого она начала бегать, что наполнило сердца окружающих удивлением и радостью.

Нектарное сокровище

Родители дали своей удивительной дочке имя Судха́мани – «Нектарное сокровище». В отличие от большинства детей ее возраста Судхамани начала говорить на своем родном языке малаялам, когда ей едва исполнилось шесть месяцев. Как только она научилась говорить достаточно бегло, проявилась

---

[9] Метафорический образ круговорота рождения и смерти.

ее страсть к воспеванию Божественных имен. К двум годам без чьей-либо подсказки она начала произносить молитвы и петь короткие песни, восхваляющие Шри Кришну. Нет нужды говорить, что члены семьи были ошеломлены, случайно услышав ее пение. В течение следующего года у Судхамани вошло в привычку напевно повторять вслух Божественные имена; она следует этому обычаю и по сей день. К четырем годам, сидя перед своим любимым образком Господа, она уже с глубокой преданностью исполняла песни собственного сочинения, состоявшие из одной или двух строчек.

С младенчества Судхамани была полна жизни и энергии. Она была послушным ребенком, и все жители деревни любили ее. Даже незнакомые люди испытывали к маленькой Судхамани необъяснимое влечение и нежность. Любовь к Богу, забота об окружающих и другие замечательные качества проявились в ней с раннего детства. Благодаря ее добродетелям, все жители деревни называли ее ласкательным именем «Кунжу», что означает «малышка». Как ни странно, именно эти добродетели послужили причиной того, что семья и родственники впоследствии стали плохо и даже жестоко с ней обращаться.

К тому времени, как Судхамани исполнилось пять лет, из ее сердца заструился зримый поток врожденной преданности Господу Шри Кришне. Вскоре эта любовь нашла выражение в настоящих духовных песнях. Они были полны острой тоски по ее любимому Кришне, и ее чарующее, проникновенное пение этих простых и в то же время исполненных глубокого сокровенного смысла песен стало знакомо всей деревне. Когда она повторяла Божественные имена или пела, она смотрела на образок Кришны, который всегда носила под одеждой. После этого она в течение долгого времени сидела неподвижно. Это необычное поведение и пламенная преданность Богу поражали окружающих и привлекали внимание всех благочестивых жителей деревни. Они вставали рано утром специально для того, чтобы послушать ангельское пение Судхамани, приветствующей новый день.

Амбати танниле

> О Господь, защищавший Гокулам в образе драгоценного ребенка Амбати, о владыка океана молока, чей цвет подобен туче, о лотосоокий, я преклоняюсь перед Тобой, сложив ладони...
>
> Молю, принеси облегчение от греха грешникам, о Тот, чей цвет подобен грозовой туче. Молю, яви сострадание несчастным этой деревни...
>
> О владыка флейты, носящий желтое одеяние и гирлянду из жасмина, молю, приди и поиграй на флейте. О истребитель Пу́таны, молю, защити меня!
>
> О возлежащий на огромном змее, владыка Гокулама, предотвративший проливной дождь, молю, сделай меня одним целым с Твоими лотосными стопами, избавь меня от душевных мук...

Уже в этом возрасте в Судхамани проявлялись некоторые зримые черты божественности. Играя или занимаясь чем-то еще, она иногда вдруг погружалась во внутреннее созерцание. В таких случаях родители или другие члены семьи находили ее неподвижно сидящей в каком-нибудь уединенном, безлюдном месте. Иногда они обнаруживали, что она сидит около заводи и пристально смотрит на воду или безмолвно созерцает голубое небо, словно перенесшись в другой мир. Часто можно было застать ее сидящей в одиночестве с закрытыми глазами. Когда ее выводили из этого состояния, она казалась не от мира сего.

Не способные постичь сущность необычных состояний сознания дочери, родители ругали Судхамани за то, что она не так весела и игрива, как другие дети. Так начался

25

длительный период их дурного отношения к ней и ошибочного толкования ее вознесений в царство Божественного. Родители даже беспокоились, что ее необычное поведение может указывать на психическое расстройство.

Когда Судхамани исполнилось пять лет, она пошла в первый класс школы Шрайиккад, находившейся в близлежащей деревне. Уже в этом возрасте она отличалась блестящим умом и прекрасной памятью. Прослушав урок всего один раз, она уже не забывала ни одной его части. Она могла с легкостью пересказать любой из текстов, изученных в классе или прочитанных самостоятельно. Когда Судхамани училась во втором классе, она без труда пересказывала содержание уроков старших классов, если ей доводилось услышать, как их читают вслух. Преподаватели иногда строго наказывали учеников старших классов, включая брата и сестру Судхамани, за неспособность выучить стихи наизусть. Между тем маленькая Судхамани, учившаяся в младшем классе, мелодично пела эти стихи и танцевала под музыку подобно изящной бабочке. Все преподаватели восхищались Кунжу и поражались ее удивительной памяти. Она получала отличные оценки по всем предметам и была лучшей ученицей в классе, несмотря на то, что часто пропускала занятия из-за необходимости выполнять домашние обязанности.

Другой случай, иллюстрирующий замечательную память Судхамани, произошел через пять месяцев после ее рождения. В тот день Дамаянти оставила дом и ребенка на попечение Сугунанандана. По какой-то неизвестной причине малышка стала беспокойной и начала кричать. Как ни старался не привыкший к такому поведению Сугунанандан, он так и не смог успокоить ребенка. Поскольку малышка продолжала реветь, Сугунанандан в конце концов потерял терпение и в сердцах швырнул ее на кроватку.

Спустя много лет Судхамани сказала отцу: «Ох, как ты швырнул меня в тот день! Ты чуть не убил меня!» Вначале

Сугунанандан не понял смысла слов Судхамани, но через несколько мгновений у него в памяти всплыл тот давний эпизод, и он в очередной раз подивился памяти дочери.

Всякий раз, когда у Судхамани в школе выдавалось свободное время, она тратила его на выполнение домашних заданий, чтобы по возвращении домой посвятить высвободившееся время памятованию Бога. Приходя домой, девочка обычно помогала матери по хозяйству или же исполняла духовные песнопения, утрачивая восприятие внешнего мира.

С самого детства Судхамани придавала большое значение рациональному использованию времени. Она никогда не тратила впустую ни мгновения и не предавалась праздности. Выполняя обязанности по хозяйству, число которых постоянно росло, Судхамани непрерывно повторяла имя Господа Кришны. Представляя в сердце прекрасный образ своего возлюбленного Кришны и повторяя Его Божественное имя, Кунжу проводила дни и ночи в своем собственном мире.

В доме, где прошло детство Судхамани, было всего две крохотных комнаты и кухня. Чтобы смягчить неудобства, вызванные такой теснотой, Сугунанандан сделал к коровнику маленькую однокомнатную пристройку[10]. Дети учили в ней уроки, а маленькая Судхамани проводила дни в медитации и исполнении духовных песнопений. В коровнике ютились еще два беженца: женщина-парикмахер, по имени Потичи, которую бросил муж, и ее ребенок. Сжалившись при виде их отчаянного положения, Сугунанандан разрешил им жить там. Потичи, женщина-парикмахер, очень любила Судхамани. Она всегда носила малышку на бедре и в те дни заботилась о ней намного больше, чем Дамаянти.

---

[10] Неподалеку от того места, где сейчас находится старый храм *бхавадаршана*.

Итак, мы видим, что кроткая Судхамани живет в коровнике, устремляясь сердцем и душой к Господу Кришне и сосредоточиваясь на Его чарующем образе. Коровы были очень дороги Шри Кришне – и эта маленькая девочка тоже обожала их. Всё свободное время она проводила, сидя в одиночестве среди коров, погружаясь в созерцание Божественного и томясь блаженной жаждой лицезреть сияющий образ Кришны.

Благодаря своей любящей натуре, Судхамани всегда была окружена детьми. Всякий раз, когда у них выдавалась возможность, они приходили в Идаманнель, чтобы поиграть с ней. Частенько они вместе с Кунжу отправлялись собирать траву для коров. Хотя маленькие друзья Судхамани не любили заниматься тяжелой работой, они с удовольствием присоединялись к Кунжу, чтобы побыть в ее веселой компании. Всех их непостижимым образом влекло к ней, и их связывали прочные узы любви. Выполнив работу, Судхамани затевала разные игры и вовлекала в них других детей, изображая *лилы* (детские проказы) Шри Кришны. Она без труда воодушевляла всю группу, и они начинали громко хором исполнять духовные песнопения, поток которых всегда струился в уме Кунжу.

Никто не понимал возвышенных состояний Судхамани, рожденных любовью к Богу, пламя которой разгоралось всё сильнее. Шли недели и месяцы, и она всё глубже погружалась в духовную жизнь, изливая в песнях острую тоску от жажды лицезреть Божественную красоту ее Господа. Она всё чаще приходила в экстатическое состояние, причем это происходило не только в коровнике. Утрачивая осознание внешнего мира, Судхамани иногда танцевала в экстазе, двигаясь по кругу и исполняя духовные песнопения. Следующую песню Кунжу сочинила, когда ей было семь лет:

Защити меня, о Всевышний, пребывающий
В городе Гуруваюр...
О ребенок Кришна, игравший роль пастушка,
О владыка Вселенной, супруг Богини Лакшми,
Защити меня, о Кришна, возлюбленный Радхи,
О Кришна, возлюбленный *гопи*,
О Кришна, сын Нанды,
О Кришна, которому все поклоняются и
Которым все восхищаются...

Семья и соседи ничего не ведали о возвышенных состояниях маленькой Судхамани, считая ее поведение просто ребячеством. Кто мог представить, что эта семилетняя девочка, не получившая никаких духовных наставлений, купалась в Океане чистой любви и блаженства? Забывая об этом мире, Кунжу иногда запиралась в комнате и предавалась экстатическому пению и танцу. Однажды Дамаянти подглядела, чем она занимается, и воскликнула: «Глядите-ка, как наша дочь танцует! Ей нужно давать уроки танцев!» Бедные родители! Они были знакомы только с мирским танцем. Они никогда не слышали, чтобы кто-то танцевал в блаженстве упоения Богом. Случись кому-то, изучавшему жизни Великих Душ, увидеть Судхамани, возможно, он распознал бы ее духовные состояния. Но и в этом случае, кто бы мог предположить, что такой маленький ребенок достиг столь возвышенного экстатического состояния? Итак, родители решили, что наблюдают простое кривляние своей слегка эксцентричной дочери, наделенной чрезмерно развитым воображением.

Жажда Судхамани созерцать ее Господа и раствориться в Нем продолжала усиливаться... Она непрестанно вглядывалась в образок Кришны, который надежно прятала под одеждой. Изливая Ему сердце в песнях и молитвах, маленькая девочка восклицала: «О мой дорогой Кришна, я вижу беды и страдания повсюду вокруг! О Кришна! Пожалуйста, не забудь позаботиться об этом малом ребенке. Я постоянно взываю к Тебе; неужели Ты не придешь поиграть со мной?»

Следующая песня была написана Судхамани в восьми-летнем возрасте; она дает некоторое представление о глубине и силе ее духовного устремления:

Канивин поруле

О сущность милосердия, о сострадательный,
О Кришна, дай мне прибежище!
О Кришна, разве Тебе не ведомы эти жгучие
Слезы, что льются ручьем?

Поднося цветы к Твоим стопам,
Сокрушившим змея Калию, я буду поклоняться Тебе,

о Кришна...

Ты явился на Курукшетре как колесничий Арджуны,
Чтобы защитить истину и праведность.

О Господь, поддерживающий дхарму,
Яви нам немного сострадания!
О владыка Гиты, любящий Божественную музыку,
Даруй способность петь Твою песню...

О любящий звуки духовных песен,
Разве Ты не слышишь Твои священные имена,
Струящиеся из глубины сердца?

Унылое лицо и печальные песни малышки наполняли сердца жителей деревни сочувствием. Но великая тайна внутренней жизни Судхамани по-прежнему была никому не ведома. Кто мог представить себе пламенность ее детской преданности Господу? Кто мог понять ее, кроме мудрых?

Глава вторая

Божественная слуга

Амма – слуга слуг. У нее нет никакой особой обители. Она пребывает в вашем сердце.

Мата Амританандамайи

О сокровище красоты! Ты, что ночами дарил страдавшим от безнадежной любви *гопи* ту безмерную и высокую радость духа, которую обретают лишь йоги, и тем самым делал их достойными уважения даже Брахмы и Шивы! Будь милостив, о прекрасноликий Кришна, доступный лишь наделенным преданностью, и защити меня!

Шримад-Нараяниям, 69. 11

Когда Судхамани исполнилось девять лет, она перешла в четвертый класс. К этому времени на ее плечи легла бо́льшая часть работы по хозяйству, поскольку ее мать постоянно болела. Вставая до рассвета, Судхамани выполняла многочисленные обязанности и, лишь завершив работу, спешила в школу. Возвратившись вечером домой, она проводила в молитве и медитации всё время, остававшееся у нее после выполнения домашних дел. Всегда и всюду нося с собой свой драгоценный образок, она плакала, обнимая и целуя его.

Иногда Дамаянти уходила за водой к далекому источнику, оставляя маленькую Судхамани дома, но та незаметно следовала за матерью, надеясь, что сможет ей чем-то помочь. Если Дамаянти запрещала дочери ходить вместе с ней, та громко протестовала. Негодуя из-за ее упрямства, Дамаянти иногда даже запирала ее в комнате. Она пыталась напугать маленькую девочку, говоря: «Сюда идет призрак! Он хочет забрать тебя!» Но никто не мог напугать Судхамани. Несмотря на малолетство, она была бесстрашной. Благодаря этому качеству, она снискала уважение местных деревенских жителей, которые и так питали большую симпатию к необычной девочке.

В деревне жила женщина, которая была известна тем, что пугала маленьких детей. Когда они начинали слишком сильно шалить, родители приглашали ее, чтобы напугать их и заставить слушаться. Ее звали Апписил Амма. Иногда ее приглашали в Идаманнель, чтобы напугать маленькую Судхамани. Эта женщина подкрадывалась к окну, возле которого сидела Судхамани, и, накрыв голову мешком, начинала подпрыгивать, пронзительно кричать и делать устрашающие жесты. Выглядывая из окна, Кунжу смело заявляла: «Уходи, я знаю, кто ты. Ты – Апписил Амма. Не пытайся напугать меня!»

Как несчастное, брошенное дитя, Судхамани взывала к своему возлюбленному Кришне. Жители деревни были теперь уверены, что она не от мира сего. Неспособные понять причину страданий малышки, они сочувствовали ей и говорили: «Бедный ребенок! Что с ней стряслось? У нее по щекам постоянно текут слезы. На нее жалко смотреть! Разве она родилась только для того, чтобы рыдать? Может быть, семья жестоко с ней обращается? Что она сделала, чтобы заслужить такие мучения?» Всем было жаль Судхамани, а некоторые даже пытались утешать ее. Но кто, кроме Возлюбленного пастушек, мог унять ее неутолимую жажду духовного Единения?

К этому времени Судхамани снискала любовь всех жителей деревни, благодаря своей уравновешенности, благородству, состраданию ко всем живым существам и чарующему пению. Те, кому выпадало счастье с ней познакомиться, вскоре обнаруживали, что открывают ей сердце. Что касается ее собственной семьи, судьба была не столь благосклонна. Мать Судхамани и ее старший брат были особенно враждебно настроены по отношению к ней из-за ее необычного поведения.

В конце концов, после рождения еще пятерых детей, здоровье Дамаянти совсем ослабло и она уже больше не могла выполнять никакую работу по хозяйству. Домашние обязанности, которые и раньше были частично закреплены за Судхамани, теперь полностью легли на ее плечи. Кастури, старшая из дочерей, училась в местном колледже, а Субхаган, старший из сыновей, ходил в школу. Бремя забот Судхамани становилось всё тяжелее, и она батрачила с трех часов утра: убирала дом, подметала двор, носила воду, готовила еду, ухаживала за коровами, доила их, стирала одежду и драила посуду.

Такой тяжелый каждодневный труд был чрезвычайно изнурительным для ребенка. Только обязанностей по уходу за домашним скотом и птицей было бы довольно для одного человека. Тем не менее Судхамани выполняла всю работу безропотно, терпеливо и старательно. К этому времени ее учеба в школе практически прекратилась. Перегруженная работой, малышка не могла приходить на занятия вовремя. Иногда ей удавалось, завершив дела, прибежать в школу уже после начала урока. В наказание за опоздание преподаватель заставлял ее стоять снаружи классной комнаты. Но даже тогда Кунжу сосредоточивала внимание на уроке и таким образом сумела закончить четвертый класс.

Однако к тому времени, как Судхамани перешла в пятый класс, она больше не могла совмещать учебу в школе с выполнением бесконечной череды домашних дел. Когда Судхамани исполнилось десять лет, ей пришлось бросить школу. Она трудилась с раннего утра, приступая к работе еще до рассвета, до позднего вечера. Но, даже занимаясь тяжелым трудом, малышка всегда пела или повторяла Божественные имена своего возлюбленного Кришны. Иногда в процессе работы ее так захватывала волна любви к Богу, что она полностью забывала о внешнем мире.

Как мы уже упоминали, день Судхамани начинался задолго до рассвета. Если она от переутомления просыпала, Дамаянти, не колеблясь, выливала на нее кувшин холодной воды. Вскоре после пробуждения Судхамани начинала дробить пестиком оболочки кокосовых орехов, чтобы превратить их в мягкое волокно, которое позже использовалось для производства местного продукта *койры*. Затем она подметала дом и двор, ходила за водой к деревенской колонке, расположенной в некотором отдалении, мыла посуду, готовила еду и собирала своих младших братьев и сестер в школу. Следующий этап работы включал в себя чистку коров, их кормление, мытье посуды после подачи обеда, стирку одежды для всей семьи и сбор травы для коров. Это продолжалось до четырех часов дня, когда братья и сестры Судхамани возвращались из школы. Девочка готовила для них легкую закуску и чай, а затем каким-то образом находила время обойти соседние дома, чтобы собрать овощные очистки или остатки рисовой каши для коров. Кроме того, Дамаянти наказала дочери выполнять в посещаемых ею домах всю работу, которая не была сделана надлежащим образом. После этого девочка без чьей-либо помощи готовила ужин для своей семьи и мыла посуду.

Члены семьи относились к Судхамани, как к служанке, и вся работа по дому целиком лежала на ней. Более того, Дамаянти тщательно проверяла каждое ее действие. Обнаружив малейшую ошибку, она не медлила с наказанием. Единственным другом Судхамани был Кришна; ее единственным вдохновением было Его имя. Когда она выполняла свои многочисленные обязанности, она глубоко погружалась в мысли о своем возлюбленном Господе, и у нее на глаза наворачивались слезы. Она часами плакала, созерцая Его прекрасный образ.

День Судхамани заканчивался примерно в одиннадцать вечера. Теперь невинное дитя могло немного отдохнуть. Однако у девочки не было желания ложиться, чтобы отдохнуть или поспать; она стремилась лишь к внутреннему отдохновению – быть со своим Господом. Когда все остальные наконец засыпали, она садилась в маленькой семейной алтарной комнате и изливала сердце Господу Кришне в песнях. В темноте ночи Судхамани плакала от тоски и пела до тех пор, пока наконец не забывалась сном.

Кришна ниеннил карунньям экане

О Кришна, молю Тебя, яви ко мне сострадание!
О Господь Вишну, я преклоняюсь пред Тобой,
     Сложив ладони!
Молю, избавь меня от бремени речи, ума и тела!
Молю, защити меня, будь благосклонен!

О Кришна, разве у Тебя – друга несчастных –
Нет ни капельки сострадания?
Разве Ты пребываешь лишь в золотом храме?
Разве Твои сияющие глаза потускнели?

О океан сострадания,
Ты любишь Своих преданных!
Твои стопы – вечная опора!

Уже в те дни ум Судхамани пребывал в столь возвышенном состоянии, что мгновенно взмывал к высотам Божественного, стоило лишь тронуть его волнующим видом или песней. Однажды, возвращаясь домой с рынка с покупками, она издалека заслышала звуки духовного песнопения. Привлеченная этими звуками, Судхамани в полусознательном состоянии свернула и пошла в ту сторону, откуда доносился напев. Жалобная песнь звучала в доме христианской семьи, в которой кто-то умер в тот день. Родственники сидели вокруг тела и горестно пели церковные гимны. Сердце девочки немедленно было тронуто, и она утратила восприятие внешнего мира, стоя неподвижно, в блаженстве упоения Богом. Ее глаза были закрыты, а по щекам текли слезы. Покупки выпали у нее из рук. Собравшиеся не могли понять причины внезапного преображения неизвестной девочки, ошибочно полагая, что она тоже тронута смертью их родственника.

Прошло полчаса, прежде чем Судхамани частично пришла в обычное состояние сознания. Собрав упавшие пакеты, она поспешила домой, но было уже слишком поздно.

Там ждала разгневанная Дамаянти, которая в приступе ярости отругала и сильно избила ее. Малышка всё еще была погружена в себя и перенесла жестокое наказание молча и безучастно. Какая внешняя сила может отвлечь ум, поглощенный Богом?

Наряду с исключительным умом, неизменным оптимизмом, глубокой преданностью Богу и проникновенным пением, Судхамани больше всего славилась состраданием и любовью к бедным и обездоленным. Хотя она изо всех сил старалась служить и угождать матери, вспыльчивая Дамаянти, не колеблясь, жестоко наказывала ее за любую мнимую оплошность. Оправданием для неприязни, которую Дамаянти питала к маленькой Судхамани, был, главным образом, темный цвет ее кожи. Кроме того, Дамаянти иногда ловила малышку на том, что она украдкой выносит из дома масло, молоко и простоквашу, подобно общеизвестному похитителю масла Шри Кришне. Дамаянти не сразу узнала, что эта пища предназначалась для голодающих семей, которым Судхамани помогала.

Девочка незаметно выносила из дома молоко и простоквашу, разбавляя оставшееся количество водой. Когда это обнаруживалось, ее неизменно били. Часто ее состраданием пользовались братья и сестры, которые тоже без спроса брали еду, но для себя, а затем обвиняли Судхамани. Хотя ей были известны настоящие виновники, она никогда их не выдавала, молча перенося жестокие удары, которыми осыпа́ла ее мать.

Когда Судхамани узнавала, что какая-то семья голодает, она вытаскивала деньги из копилки матери, чтобы купить для несчастных еды. Если ей не удавалось это сделать, она настойчиво просила денег у отца, пока тот не давал ей немного. Если оба эти средства не помогали, она брала припасы из скудной семейной кладовой и отдавала их нуждающейся семье.

Все проделки Судхамани, за исключением некоторых детских шалостей и легкомысленных причуд, были продиктованы бескорыстными побуждениями. Ее действия были обусловлены врожденным состраданием к любому страждущему существу. Однако подобные проявления милосердия только распаляли Дамаянти, которая незамедлительно отмеривала дочери порцию суровых телесных наказаний. Невзирая на собственные страдания, Судхамани испытывала огромное удовлетворение и блаженство, даруя ближним мир и оказывая им помощь. Постоянные наказания не могли заставить ее отказаться от благотворительных деяний. Она никогда никому не рассказывала, что ей приходилось терпеть, чтобы служить бедным жителям деревни.

Бо́льшую часть времени Сугунанандана не было в Идаманнеле, так как он все дни напролет занимался рыбацким промыслом и возвращался лишь поздно вечером, когда все дети уже крепко спали. Как только он приходил домой, Дамаянти торопилась перечислить все обвинения против дочери-служанки. Во время одного из таких случаев Судхамани, которая притворялась спящей, внезапно выкрикнула: «Я не твоя дочь! Я, должно быть, твоя невестка!» Дамаянти была ошеломлена, услышав внезапный выкрик Судхамани. Смысл сказанного малышкой был очевиден: она напоминала Дамаянти, что настоящая мать терпеливо прощает ошибки дочери, и только свекровь стала бы так дотошно перечислять проступки невестки, преувеличенные в десять раз.

Кто мог представить, что неутомимое стремление добродетельной маленькой Судхамани облегчать страдания и утолять печали ближних вскоре привлечет тысячи людей со всего мира к далекому побережью Аравийского моря, подобно тому, как оазис влечет умирающих от жажды? Как постичь тот факт, что десятилетняя Судхамани подняла в этой глухой рыбацкой деревушке волну сострадания, которой было суждено отозваться во всем мире?

Хотя Судхамани честно исполняла свои обязанности, мать часто предупреждала ее: «Эй, девчонка, не ленись! Если ты будешь сидеть сложа руки, Бог не даст тебе никакой работы и ты умрешь с голоду. Всегда молись Богу: "О Боже, пожалуйста, дай мне работу". Именно так молятся все люди». Услышав эти слова, Судхамани стала молиться так: «О Кришна, пожалуйста, дай мне работу, пожалуйста, дай мне Твою работу!»

Судхамани обладала невероятным терпением, выдержкой и самоотверженностью. Ее способность стойко выносить гонения, постоянно памятуя о своем Возлюбленном, предвещала явление еще одной Великой Души в непрерывной индийской традиции Учителей, познавших Бога. Хотя ее подвергали бесчисленным тяжким испытаниям и безжалостно мучили, она воспринимала всё, как благую волю Божественного провидения. Она хранила все свои печали в сердце и поверяла их лишь Божественному флейтисту – Господу Кришне.

В темноте ночи, закрывшись в семейной алтарной комнате, она со слезами на глазах молилась Кришне: «О мой возлюбленный Кришна, никто, кроме Тебя, не понимает моего сердца. Этот мир полон горя и страданий. Эгоизм господствует безраздельно. Люди ищут лишь собственного счастья и наслаждения. Мой дорогой Канна[1], я желаю лишь одного: полного единения с Тобой. О Господь, разве Ты не видел, как я страдала сегодня? О Господь, пожалуйста, приди! Позволь мне узреть Твой Божественный образ! Эти страдания для меня ничто, но разлука с Тобой – нестерпимая мука». Следующая песня была написана Судхамани в этот период:

---

[1] Одно из имен Шри Кришны.

Карунья мурте

О темноликое воплощение сострадания,
Соизволь открыть глаза!
Разве Ты не Тот, кто уносит печали?
Так развей же мою тоску!

В этом мире Ты – прибежище,
О сияющий, чьи глаза подобны
Лепесткам красного лотоса,
Я буду поклоняться Тебе всегда,
Принося Тебе цветы моих слез, о Кришна...

О Гопала, очаровывающий ум,
Я пробираюсь на ощупь в темноте.
О наполняющий четырнадцать миров,
О Шридхара, открой глаза и избавь меня от страданий...

Так прошло три года жгучей тоски и суровых испытаний. Судхамани, которой уже исполнилось тринадцать лет, по-прежнему работала на износ. Чем старше она становилась, тем больше увеличивался объем ее обязанностей. Не сетуя ни на что, она продолжала борьбу. В то же время ее духовная практика становилась всё более интенсивной. Можно было видеть, как губы малышки постоянно шевелятся, повторяя Божественное имя. Внутренне и внешне священное имя непрерывным потоком текло из ее сердца.

Жизнь с родственниками

На побережье невозможно было найти слуг для работы на кухне и выполнения других обязанностей по хозяйству, поскольку на рынке труда имелись гораздо более выгодные предложения, такие как плетение рыболовных сетей и производство волокна кокосовой пальмы. Помимо всего прочего, члены рыболовецкого клана считали позорной любую работу, отличную от рыбной ловли. Поэтому девочки, прекращавшие учебу, были вынуждены непрестанно работать по дому. Кроме того, в соответствии с традицией, их часто отсылали в услужение в дома родственников по просьбе последних.

Так случилось и с Судхамани. Родственники настаивали, чтобы ее отдали им в услужение для работы по хозяйству. Уступив в конце концов их просьбам, родители Судхамани были вынуждены послать ее в дом бабушки по материнской линии. В течение следующих четырех лет Судхамани выполняла роль прислуги в домах разных родственников.

Бабушка Судхамани жила в Пандаратурутту, в шести километрах к югу от Параякадаву. До ее деревни можно было добраться или на лодке, плывя вниз по течению заводи, или пешком по берегу Аравийского моря. Нетрудно догадаться, что любой из этих маршрутов приводил маленькую Судхамани в упоение. Плывя на лодке, она вглядывалась в синее небо, тихо плача от радости, думая о синеликом Кришне и напевая «Ом²» в унисон с гудением лодочного мотора. Она сосредоточивала внимание на танцующей по воде мелкой ряби, представляя в ней образ своего Возлюбленного и воображая Его Божественную игру. Когда ее охватывало пламя Божественной любви, тихое «Ом» перерастало в духовные песнопения. Соседи по лодке наслаждались чарующим пением малышки и нисколько не удивлялись ее поведению, поскольку они всегда полагали, что она не от мира сего. Забывая за своей духовной практикой об окружающем мире, Судхамани никогда не замечала расстояния и не чувствовала скуки во время путешествия.

Радость от поездок на лодке была недолгой. Однажды, когда Судхамани попросила у матери денег на проезд, Дамаянти ее резко одернула: «Кто ты такая, чтобы кататься на лодке? Разве ты студентка колледжа? Ты вполне можешь

---

² Священный слог, символ Бога.

2 – Божественная слуга

ходить пешком». Как раз в это время Кастури начала учиться в колледже, что было редким достижением для девушки с побережья. Дамаянти очень гордилась этим и всегда давала ей достаточно денег на все ее повседневные расходы. Когда кто-то из местной молодежи поступал в колледж, это считалось значительным событием, поскольку большинство семей были слишком бедны, чтобы давать детям высшее образование. Даже если родители могли себе это позволить, зачастую они быстро отказывались от этой идеи, когда дети выказывали недостаток интереса или инициативы. Поэтому Дамаянти проявляла некоторое вполне понятное тщеславие.

Семья считала темнокожую Судхамани простой служанкой, не замечала ее, не заботилась о ней и совершенно ее не понимала. Но ни предвзятое отношение, ни бедность не могли поколебать безмятежность Судхамани, ибо она была исполнена присутствия Кришны. Ее нисколько не огорчили грубые слова матери. Напротив, она была счастлива возможности ходить к дому бабушки по берегу пешком. Радостно напевая и танцуя в одиночестве, она думала лишь о том, какое это благо! Шестикилометровая прогулка приводила Судхамани в восторг, ведь она считала океан своей матерью.

Можно живо представить себе, как она идет по берегу и громко поет под аккомпанемент океанских волн. Постепенно забывая о внешнем мире, она замедляла шаг. Вид темно-синего океана и сине-серых грозовых облаков пленял ее ум. Рев океана напоминал «Ом» и неизменно приводил Судхамани в состояние Божественного упоения. Видя в волнах Кришну, она иногда бежала обнять их! Океанский бриз был для нее нежным прикосновением Самого Шри Кришны. Иногда она громко взывала: «Кришна! Кришна!» Погруженная в состояние высшей преданности, она нетвердо ступала по берегу. В конце концов она совсем утрачивала осознание внешнего мира и падала на песок.

Когда к ней частично возвращалось обычное сознание, Судхамани заливалась слезами, моля: «Канна, мой дорогой Кришна, беги же ко мне! Куда Ты ушел, бросив меня здесь? Почему Ты покинул меня на этом неведомом берегу? Где я? О возлюбленный Кришна, скорее приди, пока волны этого океана перерождений не поглотили меня! О Кришна, вытащи эту несчастную из песков наслаждений. Разве Ты не Спаситель Своих преданных? Разве Тебе не ведома моя сердечная боль? Какую ошибку я совершила, что Ты позволяешь мне так страдать? О Господь всех миров, неужели Ты не выкажешь чуточку сострадания Твоей смиренной слуге? Каждый день я надеюсь услышать волшебный звук Твоей Божественной флейты. О Кришна, пожалуйста, приди... Пожалуйста, приди!»

Через некоторое время Судхамани более-менее приходила в себя и продолжала идти по берегу, по-прежнему напевая в экстазе. По пути она еще несколько раз падала на песок, утрачивая восприятие внешнего мира.

Карунья варидхе

О Кришна, океан сострадания,
В жизни становится всё больше горя.
Нет покоя уму... Увы, смятение столь велико...
Прощая все мои проступки,
Вытри пот с моего чела.

О Канна, теперь у меня нет иной опоры,
Кроме Твоих достойных поклонения
Лотосных стоп...

О Кришна, в горле пересыхает,
В глазах темнеет,
Ноги устали,
Я падаю на землю, о Кришна...

Так, вкушая нектар высшей любви и преданности, Судхамани каким-то образом добиралась до дома бабушки, где ее ждала изнурительная работа. Однако девочка усердно выполняла свои обязанности, радостно повторяя имена Господа Кришны. Она полагала, что каждое мгновение жизни – данная Всевышним возможность служить Ему и памятовать о Нем.

Иногда Судхамани посылали очищать от шелухи рис-сырец на мельницу, находившуюся в некотором отдалении от дома ее бабушки. Она охотно совершала это путешествие, напевая по пути свои любимые духовные песни. Дорога к амбару лежала через ту часть деревни, где многие семьи жили в страшной нищете. Когда Судхамани, по природе само сострадание, видела их плачевное состояние, у нее щемило сердце. Возвращаясь домой после очистки риса, она обычно раздавала некоторую его часть семьям, которые голодали уже несколько дней. Иногда бабушка обнаруживала недостачу и, полагая, что Судхамани продала рис в обмен на лакомство, ругала и била ее. Но, сколько бы на нее ни давили, Судхамани никогда не называла фамилию семьи, которой она отдала рис. Девочка была уверена, что если она выдаст секрет, то бабушка пойдет в дом этой семьи и устроит скандал.

Когда Судхамани была в Пандаратурутту, ее также иногда посылали охранять недавно засеянные рисовые поля от ворон и кур. Поскольку поле находилось в отдаленном месте, эта обязанность давала ей возможность побыть вдалеке от членов семьи и провести время в одиночестве, памятуя о Господе и молясь Ему. В каждом ее дыхании звучало имя Кришны. Делая каждый шаг, она представляла Его Божественный образ. Ее любовь и преданность были столь пламенны, что часто она бросалась на землю неподалеку от поля и заливалась слезами.

Большим утешением для Судхамани было то, что ее бабушка была преданной Господа Кришны и Его изображение висело на стене в ее доме. Судхамани часто стояла перед этим изображением и пела своему Господу. В такие моменты ее дядя Ратнадасан, который очень любил малышку, приносил ей табурет, чтобы она могла присесть во время молитвы и ей не пришлось так долго стоять. Судхамани отказывалась, говоря: «Как я могу сидеть, когда Кришна стоит!» Изображение Господа не было для нее куском раскрашенной бумаги – это был Кришна, стоящий перед ней во плоти. Для истинного преданного нет такого понятия, как неодушевленная материя – каждый объект являет славу Господа.

Привлекаемые проникновенными песнями Судхамани, соседи часто приходили послушать ее. Задушевное пение девочки всегда наполняло их ум любовью и преданностью. Постепенно они запомнили сочинения Судхамани и стали исполнять их в своих собственных алтарных комнатах. Чтобы защитить племянницу от сглаза[3], дядя натирал ей лоб священным пеплом, над которым были произнесены специальные молитвы.

Так прошли осень, зима, весна и лето. Судхамани, которой к этому времени исполнилось четырнадцать лет, отправили в дом старшей сестры Дамаянти. Как обычно, девочке пришлось тянуть тяжелый воз работы в одиночку. Сначала она кипятила рис-сырец, а затем сушила его на солнце. Обязанности по приготовлению пищи, уборке и стирке всей одежды также лежали на ней. В этой семье все дети учились в колледже и считали работу по хозяйству унизительной. Они не верили в Бога, безжалостно дразнили Судхамани за преданность Господу и пытались помешать ей петь. Что могла поделать исполненная Божественной любви девочка, оказавшись в окружении этих бесчувственных людей? Закрывая лицо руками, она заливалась слезами, когда им удавалось заставить ее на время отказаться от пения.

---

[3] Местное суеверие.

Хотя внешне она была вынуждена молчать, никто не мог сдержать непрерывный поток, устремлявшийся из ее сердца к Возлюбленному.

Поскольку дом находился вблизи от океана, из всех близлежащих кранов шла соленая вода. Чтобы набрать питьевой воды, Судхамани приходилось садиться в маленькую лодку и плыть через заводь к отдаленному крану с пресной водой. Иногда она даже выступала в роли лодочника и переправляла детей своих родственников через заводь на учебу. Она с большим удовольствием переправляла и чужих детей.

Возвращаясь на лодке обратно, Судхамани наслаждалась красотой пейзажа. Она беспрепятственно взывала к своему Господу, и в ее тоскующем сердце разгоралась жажда лицезреть Кришну. Она спрашивала бегущую по речной воде рябь: «О маленькие волны, не видел ли кто из вас моего Кришну, что цвета темно-синей грозовой тучи? Слышали ли вы когда-нибудь сладостную музыку Его чарующей флейты?» Видя, что волны продолжают вздыматься на водной глади, Судхамани полагала, что они отвечают отрицательно. Она заливалась слезами, думая: «Эти маленькие волны, как и я, тяжко страдают, не видя Кришны». Она повсюду находила отражение своей собственной мучительной боли разлуки. Судхамани умоляюще взывала: «О темно-синие тучи, нависшие в бескрайнем небе, где вы спрятали моего возлюбленного Кришну? О белые журавли, стремительно летящие по небу, не направляетесь ли вы во Вриндаван[4]? Если вам случится встретить Кришну, пожалуйста, расскажите Ему об этом несчастном ребенке, который всегда плачет, думая о Нем!» Вскоре Судхамани теряла всякое осознание внешнего мира и застывала в неподвижности, как статуя. Медленно возвращаясь к восприятию этого мира, она обнаруживала,

---

[4] Место, где Шри Кришна провел детство, и где и сегодня живут Его многочисленные преданные.

что по-прежнему сидит в лодке, дрейфующей по течению. Поскольку эти возвышенные духовные состояния наступали спонтанно, Судхамани иногда сталкивалась с опасностями, которые могли стоить ей жизни.

Однажды, закончив шелушить рис, Судхамани села в свой челнок и начала грести к дому. Глядя на небо, она заметила, что на горизонте собираются грозовые тучи. Этот вид наполнил ее невинное сердце мыслью о ее возлюбленном синеликом Кришне. В следующее мгновение она утратила всякое восприятие внешнего мира и погрузилась в *самадхи*[5]. Весло выпало у нее из рук. Неотрывно глядя на небо и не замечая ничего вокруг, она была словно прикована к месту, пребывая в полной неподвижности. Время от времени повторяя «Кришна, Кришна!», она совершенно не сознавала, что происходит вокруг. Челнок дрейфовал по течению, двигаясь случайным курсом. Внезапно рев шумного двигателя возвестил о приближении большой лодки, которая направлялась прямо к челноку Судхамани! Встревоженные пассажиры лодки начали кричать, тщетно пытаясь разбудить девочку. Стоявшие на берегу реки люди подняли шум, некоторые стали бросать камни в воду вокруг ее челнока. В последний момент к девочке частично вернулось сознание внешнего мира и она каким-то образом сумела отгрести в сторону и избежать опасности.

Прошел еще один год, и Судхамани отправили в дом старшего брата Дамаянти, Анандана, жившего в городе Карунагаппалли, примерно в десяти километрах от Параякадаву. Судхамани выполняла работу по хозяйству с предельной добросовестностью и энтузиазмом, что вызывало восхищение Анандана и его жены, которые даже подарили ей пару сережек в награду за усердие.

---

[5] Высшее состояние медитации, в котором ум непрерывно и неуклонно течет по направлению к избранному объекту сосредоточения.

Сострадание к бедным было одной из наиболее ярких черт Судхамани. Где бы она ни находилась: в доме дяди, тети или же в отчем доме – ничто не могло помешать ей оказывать помощь нуждающимся. Неподалеку от дома ее дяди жило много мусульманских семей, большинство из которых были очень бедны. Малышка потихоньку выносила из дома дяди разные вещи и тайком передавала их малоимущим семьям. Хотя поначалу этого никто не замечал, спустя некоторое время ее уличили в воровстве. Тетушка несколько раз била Судхамани, но та никогда не обижалась. Она думала: «Почему я должна обижаться? Неприязнь возникает только в том случае, если я считаю себя отличной от них. Я никогда не считала их отдельными от себя. Даже дома родители бьют меня. Почему здесь ко мне должны относиться по-другому?»

Хотя Судхамани неоднократно сильно били, это не охладило ее стремления проявлять милосердие по отношению к страждущим. Она не отказалась от привычки раздавать вещи. Подобные случаи свидетельствуют о великом терпении, сострадании и выдержке, которые были присущи ей от природы. Воспринимая всё происходящее с ней как урок, она саму свою жизнь превратила в уникальную жертву, готовясь возвестить свое будущее послание Любви.

Острый ум Судхамани легко проникал в сущность каждой ситуации, постигая лежащие в ее основе духовные принципы. Впоследствии она будет описывать все испытания, через которые она прошла, как редкие благословения, дарованные Господом для того, чтобы заставить ее понять преходящую природу этого мира и мирских взаимоотношений. Вот ее слова: «В результате всех этих переживаний я ясно поняла, что мир полон страданий. У нас нет настоящих взаимоотношений, ибо все наши родственники любят нас лишь ради удовлетворения собственных эгоистичных потребностей. Люди любят друг друга из-за желания. Никто не любит нас бескорыстно, кроме Бога».

Судхамани ясно осознала, что поддержание тесных отношений с дядей и тетей будет препятствовать достижению цели ее жизни. В конце концов она создала обстоятельства, которые освободили ее от этого бремени. Однажды утром она сильно поссорилась с родственниками, чтобы нарушить соглашение, и ушла из их дома. Черствые родственники даже забрали назад все подарки, которые когда-то вручили ей, включая серьги, и отослали ее домой с пустыми руками. Уходя, Судхамани воскликнула: «Однажды вы придете ко мне как просители. До тех пор ноги моей не будет в этом доме».

Спустя одиннадцать лет семья ее дяди стала испытывать серьезные финансовые затруднения, и члены этой семьи действительно пришли в Идаманнель умолять Судхамани о помощи. Только тогда она вернулась в их дом, чтобы совершить обряд богослужения и таким образом даровать свое благословение. В тот день тетя Судхамани горько раскаялась в своих прошлых деяниях и сказала: «Я и представить себе не могла, что малышка станет такой великой! Как безжалостно я ругала и била ее!»

Господь всегда исполняет обещание, данное истинному преданному. Многие подобные случаи, о которых повествуется в великих эпических поэмах Индии, подтверждают истину, что Бог – слуга Своих преданных.

50

Глава третья

Слезы по Кришне

Не имея масла и молока для подношения Тебе, я поднесу Тебе немного своей боли. О Канна, я принесу к Твоим стопам жемчужные капли моих слез.

Мата Амританандамайи

Благословенный Господь сказал:

Тех, кто, сосредоточив ум на Мне, поклоняется Мне, постоянно преданных Мне и наделенных высшей верой, Я считаю наиболее сведущими в йоге.

Сосредоточив ум на Мне одном, погрузи в Меня свой интеллект. Так ты будешь всегда пребывать во Мне, в этом нет сомнений.

Бхагавадгита, 12. 2 и 8

Возвращение в Идаманнель

Вернувшись в Идаманнель из дома дяди, Судхамани, которой было уже около шестнадцати, полностью погрузилась в духовную практику, одновременно взвалив на плечи огромное бремя домашней работы. Ее пламенное стремление к духовным подвигам перед лицом великого противодействия уникально и беспримерно даже для индийской земли, где рождались многие святые.

Работа всегда была для Судхамани непрестанным поклонением Всевышнему. Все, кому доводилось видеть ее в те дни, приходили в изумление. Как ее миниатюрное тело могло выдержать такую огромную нагрузку? Дамаянти стала еще более вспыльчивой и жестокой, так как теперь она страдала от хронического ревматизма, обострившегося из-за того, что ей пришлось выполнять работу по дому в период отсутствия Судхамани. Кроме того, привычка сострадательной Судхамани утаскивать вещи из домов родственников снискала ей дурную славу. Это усилило враждебное отношение Дамаянти к дочери. Даже когда та безупречно выполняла домашние обязанности, мать постоянно ругала и била ее.

Несмотря на столь грубое обращение со стороны матери, Судхамани не таила на нее зла. Более того, через несколько лет она почтительно назовет Дамаянти своим духовным гуру. Вот ее собственные слова:

«Дамаянти была в определенном смысле моим гуру. Она привила мне усердие, преданность делу и дисциплинированность. Она пристально следила за всеми моими действиями. Если во дворе после уборки оставалась хоть одна соринка, она била меня. Она тщательно проверяла всю посуду после мытья и, если на ней был заметен малейший след грязи, ругала меня. Если в то время, как я подметала, из метлы выпадал хоть один прутик, она не щадила меня. Если в горшок с едой залетала пылинка или немного пепла, наказание не заставляло себя ждать. Мать хотела, чтобы ее дочери совершали молитвы рано утром, и она, не колеблясь, выливала кувшин воды на наши лица, особенно на мое, если мы медлили с подъемом из-за переутомления. Когда я собирала траву для коров, она издали наблюдала за мной, чтобы узнать, не болтаю ли я с другими девушками. Она даже била меня деревянным пестиком для риса. Видя, как ведет себя моя мать, местные жители часто умоляли ее: "Пожалуйста, не наказывай ее так! Ее же придется когда-нибудь выдать замуж!" Но я всегда сознавала, что подобный жизненный опыт идет мне только на пользу».

Читатель, возможно, будет шокирован тем, как бессердечно Дамаянти, считавшаяся набожной женщиной, обращалась с собственной дочерью. Однако поведение Дамаянти станет более понятным, если мы примем во внимание тот факт, что ее преданность Богу не была основана на знании. Многие верующие почитают богов и богинь и регулярно совершают религиозные обряды, но их представление о Боге очень ограничено. Они не сознают, что Бог пребывает во всех существах – в их восприятии он, скорее, заключен в четырех стенах храма. Такие верующие совершают религиозные обряды ради исполнения своих желаний или стремясь умилостивить Бога. В их представлении религия и поклонение

Богу никак не связаны ни с формированием характера, ни с искоренением собственных негативных склонностей. У подобных верующих нет никакого желания познать Бога или истинное «Я» – они не считают это своей высшей целью. Они поклоняются Богу или потому, что так поступали их отцы, или из опасения впасть в грех. Однако верующие, наделенные проницательностью, сознают, что Бог вездесущ, и служат Ему во всех существах. Отринув все мирские желания, они преподносят всё свое существо к лотосным стопам Господа. Их главная цель в жизни – познать высшую Реальность и стать с ней едиными. Дамаянти обладала очень ограниченным представлением о Боге и духовности, что приводило к суровому обращению с необычной дочерью.

Когда Дамаянти замахивалась на Судхамани, та иногда хватала ее за руку. Несмотря на маленький рост, Судхамани была очень сильной. Не в состоянии вырвать зажатую руку, Дамаянти пыталась пнуть Судхамани. Тогда малышка хватала Дамаянти за ногу. Не видя иного способа наказать дочь, мать начинала кусать ее. Иногда Дамаянти даже пускала в ход против Судхамани мачете, предназначенное для вскрытия кокосовых орехов. Мать регулярно осыпáла невинную девушку грубыми ругательствами, не стесняясь в выражениях.

Судхамани могла обращаться с матерью очень смело и дерзко. Когда Дамаянти приказывала: «Не разговаривай!», она немедленно парировала: «Буду разговаривать!» Когда Дамаянти говорила: «Не делай этого!», Судхамани настаивала: «Буду делать!» Но чем больше она давала отпор, тем более суровым становилось наказание. Дамаянти даже проклинала свою дочь, говоря: «Будь проклята эта непокорная девчонка! Если она такая вырастет, то наверняка навлечет позор на нашу семью. Господи, что же Ты не приберешь ее?»

Но жестокое обращение матери нисколько не беспокоило Судхамани. В ее глазах все люди были равны. С детства она использовала слово «отец» при обращении ко всем пожилым мужчинам и слово «мать» при обращении ко всем пожилым женщинам. Это усиливало раздражение ее родителей, которые полагали, что она позорит семью, обращаясь к другим людям таким необычным образом. Они ругали Судхамани и говорили: «Разве можно называть этих грязных людей отцом и матерью?» Судхамани отвечала: «Я никогда не видела настоящих Отца и Мать. Поэтому все – мои отец и мать».

Судхамани запрещали наносить на лоб священный пепел. Члены семьи дразнили ее: «Ты что – собираешься стать *санньясином*?» Ей даже не разрешали наряжаться подобно обычным девушкам. Если она наносила на лоб *вермильон*[1] или надевала пеструю блузку или чистый жакет, над ней смеялись: «Зачем ты вырядилась в эти цветные тряпки и намазалась вермильоном? Перед кем ты красуешься? Девушки должны вести себя очень скромно».

Еще поразительнее, чем жестокое обращение со стороны семьи, была непоколебимая терпимость Судхамани. Хотя иногда она дерзила, она никогда не испытывала ни малейшей ненависти к своим мучителям. Позже она скажет просто: «Дамаянти не наказывала меня. Она плохо обращалась со мной лишь из-за ограниченности своих представлений. Все эти испытания вели меня по правильному пути, поэтому я не испытываю к ней никакой ненависти».

Старший брат Судхамани, Субхаган, отвратительно вел себя не только по отношению к сестре, но и к другим членам семьи и жителям деревни. Он был высокомерным атеистом, уверенным, что женщины должны быть «тише воды, ниже травы». Его вспыльчивый нрав был всем хорошо известен, и Судхамани часто попадалась ему под горячую руку. Он не позволял ей подружиться ни с одной девушкой ее возраста, поскольку был убежден, что общение с подругами испортит

---

[1] Священный красный знак индусов.

ее характер. Когда Судхамани отправлялась набрать питьевой воды для своей семьи, она всегда шла одна. Если ей случалось заговорить с какими-нибудь девушками, она могла не сомневаться, что Субхаган жестоко побьет ее. Запрет на общение со сверстницами ничуть не смущал Судхамани – она сама предпочитала находиться в одиночестве, когда никто не нарушал ее мыслей о Боге.

В те дни на всю деревню был только один водопроводный кран, работавший на энергии ветра. Перед ним всегда выстраивалась длинная вереница желающих набрать воды, и каждому приходилось ждать своей очереди. Судхамани и другие деревенские женщины приходили туда с глиняными сосудами и иногда часами стояли в ожидании ветра. Если была длинная очередь, Судхамани приходилось оставлять сосуды и идти собирать траву для коров. Другие женщины, зная ее благочестие и трудолюбие, заботливо наполняли ее сосуды и отставляли их в сторону.

Как мы уже упоминали, Судхамани часто посещала дома соседей, чтобы собрать овощные отбросы и рисовую кашу для коров. Если случалась задержка, она заходила в алтарную комнату, чтобы спеть несколько духовных песен или помедитировать. Затем она уделяла некоторое время жившим в доме престарелым женщинам, заботливо расспрашивая их о здоровье и внимательно выслушивая их печальные рассказы. Поскольку они были старыми и слабыми, даже собственные дети плохо обращались с ними и не заботились о них. Так Судхамани в юном возрасте не понаслышке узнала, что человеческие отношения непостоянны и основаны на эгоизме. При всякой возможности она приводила старушек к себе домой, купала их, кормила сытной пищей и одевала в одежду своих родственников.

Если она узнавала, что кто-то голодает, она давала страдальцу хотя бы немного съестных припасов из собственного дома. Иногда она приводила домой бродивших по улице маленьких детей, если видела, что они неухожены или голодны. Судхамани окружала их должной заботой, а потом отводила к родителям.

Однажды Судхамани застигли врасплох, когда она выносила из дома еду для бедняка. Хотя ее жестоко избили, она не перестала заниматься благотворительностью. Она продолжала поступать так же, как и прежде, всякий раз, когда видела, что помощь необходима. В другой раз Судхамани встретила голодающую семью, у которой совсем не было еды. Не найдя ничего другого, она отдала несчастным золотой браслет своей матери, от продажи которого можно было выручить достаточно средств, чтобы купить крайне необходимую пищу. Когда отец обнаружил пропажу, он в приступе ярости привязал Судхамани к дереву и беспощадно бил ее до тех пор, пока на ее нежном теле не появились кровоточащие раны. Несмотря на такое обращение, Судхамани не теряла присутствия духа и всё прощала. Слышали, как она молит Бога, чтобы Он простил страшные деяния, совершенные по неведению ее заблудшими родственниками. Сидя в одиночестве, она молилась:

«О Кришна, что же это за мир? Даже мать, которая произвела на свет ребенка, не проявляет по отношению к нему никакой доброты. Даже она не испытывает чистой любви к собственной семье. Где найти бескорыстную и чистую любовь в этом мире? Существует ли настоящая любовь? Не является ли она лишь иллюзией?» Сидя в алтарной комнате, она иногда заливалась слезами, думая обо всем этом, и громко взывала: «Кришна, Кришна! У меня нет никого в этом мире, кроме Тебя! Мой ум постоянно устремляется к Тебе, желая узреть Твой Божественный образ. Разве Ты не возьмешь меня с Собой? О Кришна, пожалуйста, скорее приди!»

В этот период в Идаманнеле поселился старик, который приходился семье Судхамани дальним родственником. У него уже не осталось других родственников, а его здоровье было настолько слабым, что он даже не мог ходить. Лежачий больной, он страдал недержанием, и его постель постоянно была грязной. Судхамани сразу же принялась заботиться о старике, хотя ее никто об этом не просил, и взяла на себя все обязанности по его обслуживанию. Другие члены семьи едва смотрели в его сторону, не говоря уже о том, чтобы оказывать ему какую-то помощь. Судхамани же добросовестно и терпеливо ухаживала за стариком в дополнение к работе по хозяйству. Она стирала его одежду, каждый день мыла его, убирала его испражнения и в надлежащее время давала ему предписанные лекарства. Хотя Судхамани являла необычайное множество добродетелей, никто из членов семьи не замечал, не понимал и не ценил ее равной любви ко всем живым существам. То, что девушка получала лишь массу оскорблений за всё, что она делала, нельзя назвать иначе, чем Божественным парадоксом.

Когда Судхамани работала, она обычно памятовала о Кришне, представляя, что она сама – Кришна, Радха, *гопи*[2] или какой-то другой персонаж, связанный с жизнью Кришны.

Когда она готовила еду, в ее сердце иногда возникал образ матери Кришны – Яшоды, которая сбивала молоко, баюкая своего малыша. Когда Судхамани собирала в школу своих братьев и сестер, она представляла, что наряжает Кришну, Балараму и *гопов*[3] перед тем, как они отправятся пасти коров. Созерцая это внутренним взором, она плакала от радости. Отправляясь на рынок за продуктами, она вспоминала *гопи*, которые ходили по улицам Вриндавана, продавая молоко и масло. Вместо того, чтобы выкрикивать: «Молоко, масло...»,

[2] Пастушки, обладавшие высшей преданностью Кришне.
[3] Мальчики-пастухи из Вриндавана.

они взывали: «Кришна, Мадхава, Говинда, Ачьюта[4] ...!» – настолько глубокой была их преданность!

Чистая любовь к Шри Кришне и преданность, которую питали к Нему *гопи*, всегда была для Судхамани источником великого вдохновения. Временами она представляла, что она Радха, возлюбленная Шри Кришны. Одной мысли о Радхе было достаточно, чтобы пленить ее ум, и вскоре она утрачивала всякое восприятие внешнего мира. Она полностью погружалась в Божественное сознание: пела, танцевала и плакала в экстазе.

Калина каннан

О темноликий,
Мои несчастные глаза горят желанием
Лицезреть Твои стопы.
О лотосоокий, скорее приди
С коровами, играя на флейте.

Уж сколько дней я взываю к Тебе?
Разве у Тебя нет ни капельки сострадания?
Какую страшную ошибку я совершила?
Разве у Тебя нет любви к Твоим преданным?
Соизволь прийти со Своей флейтой
Прежде, чем я упаду, рыдая,
Не в силах жить, не видя Тебя,
Единственной Реальности. Приди же, приди...

Исполнитель желаний, причина всего,
О темноликий, приди же, приди...
Не тратя времени даром и не умножая мое горе,
О воплощение сострадания, приди же, приди...

Отправляясь за водой, Судхамани вспоминала *гопи*, которые ходили к реке Ямуне, неся на голове сосуды. Стирая

---

[4] Имена Шри Кришны.

одежду членов своей семьи, она представляла, что стирает шелковистые одеяния Кришны и *гопи*. Повесив одежду сушиться, Судхамани смотрела, как она колышется на ветру, и думала: «Только поглядите, как дивно танцуют на ветру золотисто-желтые шелковые одеяния Кришны!» Собирая траву для коров и кормя их, она погружалась в мысли о Кришне, который ежедневно пас коров на лугах и в лесах Вриндавана. Судхамани мысленно наслаждалась играми Божественного пастушка и *гопи*.

Любимым временем суток Судхамани были сумерки, когда она направлялась к заводи и ходила по мелководью в поисках домашних животных: уток, коз и коров, которые разбрелись за день. При этом она вспоминала Кришну, который часто искал коров и телят, отбившихся от стада. Если до ее слуха доносились религиозные песнопения, которые повсеместно исполняются в Индии в сумерки, она замирала в неподвижности, переносясь в другой мир. Это случалось достаточно часто, и тогда на поиски девушки отправлялся один из членов семьи, который не скрывал своего раздражения.

Хотя Судхамани была непрестанно занята той или иной работой, ее ум нисколько не был занят. Он был полон жгучей тоски и постоянно устремлялся к Кришне. Его священные имена всегда были у нее на устах, и при одном слове «Кришна» у нее на глаза наворачивались слезы. Поскольку она постоянно носила воду, стирала одежду членов своей семьи или пробиралась через заводь, ее простая одежда днем и ночью оставалась влажной. Вот ее собственные слова: «Я так хотела, чтобы моя одежда была сухой! Хотя у меня и так было много работы, я молила Бога, чтобы он послал мне еще, чтобы я всегда была занята, посвящая Ему свои действия. От ношения на голове горшков с водой и горячей рисовой кашей у меня на макушке выпали волосы».

Что бы Судхамани ни делала, ее губы непрестанно шевелились. Никто не понимал, что она постоянно повторяет имя Господа. Однажды ее младший брат, Сатиш, который перенял у других членов семьи привычку оскорблять Судхамани, язвительно заметил: «Если человек постоянно шевелит губами, это признак безумия!» Услышав слова Сатиша, Судхамани осталась невозмутимой. Несмотря на такое обращение, всякий раз, когда у Сатиша случался серьезный приступ астмы, Судхамани носила его на бедре в больницу, хотя среди членов ее семьи были такие, кому было бы легче это сделать.

Когда Судхамани заканчивала работу по хозяйству, был уже поздний вечер. Ни в ее доме, ни в окрестных домах уже не было света. В это время Судхамани начинала громко петь Господу в семейной алтарной комнате. Дамаянти и Субхаган разражались руганью, браня ее за то, что она поет в темноте и тревожит их сон. Старший брат, Субхаган, говорил: «Зачем ты так орешь и воешь? Чтобы Бог услышал тебя на небесах? Твой Бог что – глухой?» Несмотря на то, что ей приходилось терпеть наказания и брань, Судхамани не переставала петь Богу в глухие ночные часы. Однажды разгневанный Субхаган ворвался в алтарную комнату и принялся ругать ее за пение в темноте. Ответ не заставил себя долго ждать: «Ты видишь только внешнюю лампу, но внутри меня горит светоч, который никогда не погаснет!» Разумеется, до черствого Субхагана не дошел внутренний смысл ее замечания.

Судхамани боялась, что Бог накажет ее мать, отца и брата за то, что они бьют ее, когда она исполняет духовные песнопения. Поэтому зачастую она пела тихо, чтобы удержать их от совершения неправедных поступков. Глубоко опечаленная препятствиями, создаваемыми ее семейством, Судхамани плакала, сидя в алтарной комнате. Тогда родственники стали говорить, что плакать во время исполнения духовных песнопений – грех, что это может навлечь на них большую беду. Что бы Судхамани ни делала, они были недовольны. Бедняжка Судхамани! Она безмолвно сносила всё и растворяла все свои страдания в сладостных мыслях о Шри Кришне.

Судхамани никогда, даже в детстве, не рассказывала о своих печалях ни одному человеку. Единственным, кому она поверяла свои мысли, был Господь Кришна. У Судхамани также была привычка беседовать с животными и природой, представляя, что ее внимательно слушает Кришна. Она общалась со всеми существами, воспринимая их как Кришну. Если корове случалось прилечь отдохнуть, Судхамани тоже ложилась, нежно прильнув к ее телу, думая, что она лежит на коленях Кришны.

Глядя на звезды, луну и цветущие деревья, Судхамани спрашивала: «Друзья, не видели ли вы моего Кришну? О нежный ветерок, касался ли ты Его когда-нибудь? О сияющие звезды и безмолвная луна, вы тоже ищете Его? Если вы найдете Его, пожалуйста, передайте, что бедная Судхамани тоже жаждет увидеть Его».

Нингалил аранум ундо

Видел ли кто из вас моего дорогого Канну?
Вы можете лицезреть Его, но Он никогда
Не предстает перед моим взором...

Знак на лбу, нанесенный сандаловой пастой,
Красота желтых шелковых одеяний,
Вьющиеся локоны и перо павлина...
Ах, когда ж я увижу всё это?

Какой смысл в этом теле и в этой жизни?
Счастье от меня отвернулось...
Доколе будут длиться эти страдания?

«Мать-море» также была одной из подруг Судхамани, ведь она считала океан своей матерью. Всякий раз, когда выдавалась свободная минутка, девушка ускользала на берег моря и изливала там свою сердечную боль, созерцая бескрайнюю водную гладь. Темно-синий цвет воды напоминал ей о ее синеликом Возлюбленном, и вскоре она утрачивала осознание внешнего мира.

Судхамани видела, что некоторые соседки зарабатывают на жизнь пошивом одежды. Решив, что она могла бы тоже зарабатывать деньги и помогать нуждающимся, научившись швейному делу, она загорелась желанием овладеть этим ремеслом. Это избавило бы ее от необходимости брать из дома вещи для помощи обездоленным и позволило бы избежать сопряженных с этим неприятностей. Полная надежд, Судхамани высказала свое желание родителям. Ответ Дамаянти был далеко не обнадеживающим: «Мы не собираемся отправлять тебя учиться швейному делу – мы скоро выдадим тебя замуж за рубщика кокосов!» Рубщики кокосов считались в Керале людьми низкого класса, чьим единственным источником дохода является сбор кокосов. Судхамани часто ловили на том, что она утаскивает кокосовые орехи, которые, как считала Дамаянти, ее дочь ела, но которые она на самом деле всегда отдавала нуждающимся.

Тем не менее, Судхамани настаивала до тех пор, пока родители не разрешили ей учиться швейному делу в течение часа в день с тем условием, что она завершит всю работу по хозяйству до выхода из дома. В такие дни Судхамани приходилось работать в бешеном темпе. Каким-то образом ей удавалось переделать всё, что требовалось, до полудня, после чего она мчалась на швейные курсы. В некоторые дни другие девушки с курсов, зная ситуацию Судхамани, приходили помочь ей закончить работу по дому. Чтобы добраться до швейных курсов, Судхамани шла пешком два или три километра под палящими лучами полуденного солнца. Через час она неслась домой, чтобы вовремя подать обед.

Остальная часть дня проходила, как обычно, в изнурительном труде. Единственное время, которое было в ее распоряжении для выполнения самой важной обязанности – молитвы и медитации, приходилось на глухие ночные часы. Рыдая от тоски, Судхамани погружалась в состояние упоения Богом. Приходя в конце концов в полусознательное состояние, она забывалась сном.

Терпение, выносливость и, казалось бы, неистощимая энергия Судхамани, явственные и сегодня, были поразительны. Какой бы работой ее ни нагружали, она выполняла ее радостно и безропотно. Судхамани чувствовала, что ее право по рождению и *дхарма* (долг) – оказывать помощь всем и каждому, не дожидаясь, пока ее попросят об этом. Позже она скажет: «Я находила радость в том, чтобы видеть счастье других. Я никогда не думала о своем собственном комфорте и объеме работы. Всякий раз, когда мне представлялась возможность послужить другим, я всеми силами старалась помочь им, делая это с предельной искренностью и любовью».

Сначала Судхамани изучала швейное дело в двух разных местах. Через некоторое время она остановила выбор на одном из них: мастерской при часовне. Быстро овладев навыками шитья, она стала выполнять мелкие швейные работы для живших в окру́ге бедных женщин. Поначалу она не принимала платы за свои услуги, поскольку таковы были ее принципы. Однако, когда родители отказались оплачивать ее обучение в швейной мастерской, ей пришлось начать брать деньги за свой труд. Таким образом ей удавалось вносить плату за обучение и использовать остававшиеся средства для помощи малоимущим деревенским жителям. Она также смогла купить некоторые швейные принадлежности. Судхамани стала искусной швеей и начала зарабатывать приличные деньги. Не принося в дом ни единой *пайсы*[5], она использовала доходы только для оказания помощи бедным.

Занимаясь шитьем в мастерской при часовне, Судхамани исполняла духовные песнопения, и у нее из глаз текли слезы, капая на швейную машину. Приходский священник, набожный пожилой человек, быстро подметил замечательный характер Судхамани. В то время, как другие девушки сплетничали, она была погружена в мысли о Боге. Это глубоко тронуло священника, и Судхамани стала очень дорога его сердцу. Другие девушки начали завидовать Судхамани, но она по-прежнему была с ними дружелюбна, не выказывая ни капли враждебности.

Сатиш всегда провожал сестру на занятия, а затем ждал ее в церковном дворе или сидел в уголке. Однажды во время богослужения Судхамани спросила: «Почему ты не участвуешь в службе?» Тот ответил: «Разве мы не индуисты?» Судхамани сказала: «Спроси у священника, можно ли тебе тоже участвовать в службе». Священник с радостью согласился. С тех пор Сатиш всегда присутствовал на службах.

Закончив шить, Судхамани шла на церковное кладбище заниматься вышивкой. Ей нравилось царившее там уединение. Сидя на кладбище, она спрашивала души усопших: «Как вам живется? Где вы живете? Вы там счастливы? У вас есть какие-нибудь чувства?» Она явно ощущала их присутствие и старалась утешить их. На этом кладбище была похоронена подруга Кастури, старшей сестры Судхамани. Даже когда семья тиранила Судхамани, эта девушка проявляла по отношению к ней безграничную любовь. Возможно, это отчасти объясняет, почему Судхамани любила посещать кладбище. Она разговаривала с душами умерших и напевала грустную мелодию ради их упокоения. Иногда, медитируя в

---

[5] Индийская мелкая разменная монета.

тишине и безмолвии христианского кладбища, Судхамани погружалась в *самадхи*.

Если у Судхамани оставалось время после вышивки, она возвращалась в часовню, внутри которой было помещение, похожее на пещеру. В тусклом свете она созерцала образ распятого Иисуса Христа. Глядя на Иисуса на кресте, она чувствовала, что это ее возлюбленный Кришна, и моментально теряла восприятие внешнего мира. Возвращаясь на обычный уровень сознания, она плакала, думая о любви и жертвенности Иисуса Христа и Кришны. Она размышляла: «Они принесли в жертву всё ради этого мира! Люди обратились против Них, но Они всё равно любили их. Если Они сделали это, то почему я не могу? В этом нет ничего нового».

Судхамани остро сознавала крайнюю нищету деревенских жителей. Видя их горести и страдания, девушка плакала в ночные часы, которые она проводила в алтарной комнате. Она молилась: «О Боже, разве это жизнь? Люди изо дня в день непрестанно трудятся только ради того, чтобы добыть немного пищи и утолить голод. О Кришна, почему Ты позволяешь им голодать? Почему они страдают от болезней? Куда ни бросишь взгляд, повсюду сталкиваешься с эгоизмом и порожденными им людскими страданиями. Молодежь молится о собственном долголетии и ранней смерти своих престарелых отца и матери. Никто не хочет заботиться о пожилых людях. О Господи, что же это за мир? Какой смысл в сотворении такого мира? О Кришна, где же выход?» Так молилось невинное дитя.

Прошло три года, и Судхамани решила прекратить посещать швейные курсы, считая, что они отвлекают ее от духовной практики, которую она хотела усилить. В это же время священника перевели в другой приход. Перед отъездом он послал в Идаманнель нескольких девушек с курсов передать Судхамани, что он хочет с ней попрощаться. Сопровождаемая Сатишем, она пришла в последний раз навестить священника. Глядя на девушку, он зарыдал. Судхамани сдерживала свои чувства. Священник сказал: «Доченька, я собираюсь оставить эту работу. Я решил вести жизнь *санньясина*». Когда Судхамани и Сатиш собрались уходить, священник сказал Сатишу: «Вот увидишь: в будущем Судхамани станет великой». Возможно, проницательный священник уже осознал сияющую внутри девушки божественность.

Овладев швейным мастерством, Судхамани выразила желание иметь собственную швейную машину. Дамаянти отругала ее за амбициозность, но Сугунанандан несколько раз пообещал, что выполнит эту просьбу. Однако швейная машина так и не появилась. Судхамани решила: «Я не буду больше просить швейную машину. Я буду пользоваться ею, только если ее пошлет Господь». Через несколько лет, когда в Идаманнель стали стекаться преданные Судхамани, один из них купил для нее швейную машину, и это напомнило ей о ее обете. Бог удовлетворяет каждую потребность своего истинного преданного.

Все братья и сестры Судхамани учились или в средней школе, или в колледже. У всех была светлая кожа. Они смотрели сверху вниз на темнокожую трудолюбивую Судхамани, считая ее простой служанкой. Ей даже не давали достаточно одежды. Наблюдая, какие тяготы претерпевает юная Судхамани и как враждебны по отношению к ней родители и старший брат, деревенские жители говорили: «Судхамани купили в Колламе[6] в обмен на рисовую шелуху».

Однажды Судхамани подарили пеструю блузку, и она радостно надела обновку. Старший брат немедленно приказал снять ее. Вырвав блузку у Судхамани из рук, он поджег ее прямо у нее на глазах, выкрикнув: «Ты носишь эти цветные тряпки только для того, чтобы привлекать внимание других!» В другой раз Дамаянти отругала ее за то, что она

---

[6] Прибрежный город в 35 км к югу от Параякадаву.

надела желтый шелковый жакет, принадлежавший одной из ее сестер. Судхамани решила, что впредь будет носить только одежду, посылаемую ей Господом, – старую, изношенную, выброшенную другими. Судхамани разреза́ла эту одежду на куски, чтобы сделать из них блузу и юбку. Она использовала нити из старой бельевой веревки, чтобы сшить эти лоскуты вместе, и была счастлива, что не является ни для кого обузой. Позже она говорила о тех днях: «Не имея нормальных ниток, ножниц и швейной машины, я как-то ухитрялась шить себе одежду!»

Глава четвертая

Истинная флейта

Истинная флейта – внутри. Старайтесь наслаждаться игрой на ней. Когда ее звук услышан, можно выйти за пределы смерти и рождения.

Мата Амританандамайи

Преданный, чей голос дрожит от душевного волнения, чье сердце тает от Любви, который то рыдает, то смеется и, отбросив робость, начинает громко петь и танцевать, освящает весь мир.

Шримад Бхагаватам, 10.14.24

Духовная слава и необычное поведение познавшей Бога Души находятся далеко за пределами понимания обычного человека. Одни люди считают томление по Богу безумием, другие связывают его с вытеснением впечатлений из сознания в подсознание, а некоторые вообще отказываются признавать реальность этого феномена. Великие Души остаются невозмутимыми. Они никогда не обращают внимания на несправедливые замечания скептиков и критиков, которых нельзя винить в ограниченности восприятия. Разве физик беспокоится из-за того, что невежественный обыватель высмеивает существование субатомных частиц? Разве он раздражается из-за необоснованной критики?

Ни насмешки, ни издевки, ни глумление никоим образом не задевали добродетельную Судхамани. Уже в юные годы она была погружена в непрерывный поток духовного осознания. Глубина ее преданности Шри Кришне была неописуемой. Судхамани естественно и непроизвольно погружалась в блаженство упоения Богом. Словно в противовес лежавшему на ней тяжелому бремени работы, из ее сердца непрестанно струились исполненные сердечной тоски песни преданности Господу.

Нирам илла

Радуга без красок, цветок без аромата – когда таково мое сердце, к чему взывать о сострадании?

Жизнь наполнилась холодом, в ней нет ни капли тепла. Она подобна *вине*[1], лишенной приятной мелодии и погруженной в одно лишь горестное безмолвие...

Могут ли расцвести цветы лотоса в речушке, скрытой в дремучем лесу, куда не проникают лучи солнца?

Видя в небе облака, павлин расправляет крылья, готовый пуститься в пляс, но напрасно, а птица чатака[2] ждет капель дождя...

Родители и старший брат, не способные постичь сущность экстатических состояний Судхамани, пребывавшей в упоении Богом, сурово бранили и беспощадно мучили ее. Они были убеждены, что все ее благочестивые действия являются признаками слабоумия или депрессии.

Судхамани проводила дни и ночи в медитации, пении и повторении Божественных имен. Часто она запиралась в алтарной комнате и танцевала в экстазе, к большому неудовольствию своего старшего брата. Иногда она рыдала, томимая болью разлуки, а потом ее находили лежащей без сознания на песке. Остается лишь дивиться тому, что ее любовь к Кришне могла постоянно усиливаться, ибо эта любовь не знала границ. Врата ее сердца были широко распахнуты, и Судхамани с нетерпением ждала явления своего Господа. Как можно описать глубину ее преданности и самоотдачи?

Судхамани с ненасытной жаждой внимала рассказам о Шри Кришне: всякий раз, когда она слышала подобные

---

[1] Струнный музыкальный инструмент.
[2] Существует поверье, что птица чатака вкушает лишь капли, падающие во время дождя, и не притрагивается ни к какой другой воде. И павлин, и чатака радуются при появлении облаков, но горюют, когда нет дождя. Подобным образом человек, связывающий надежды на счастье лишь с Богом, после длительных бесплодных поисков и духовной практики начинает думать, что все это напрасно.

беседы, ее внимание немедленно сосредоточивалось на Нем, и она погружалась в *самадхи*. По завершении повествования Судхамани еще долгое время сидела неподвижно. Деревенские жители уже не находили ничего странного или удивительного в ее отрешенности. Иногда Судхамани собирала маленьких детей и предлагала им разыграть сценки из жизни Кришны. Она наблюдала за их игрой со слезами на глазах и, когда они говорили, представляла, что рядом с ней сидит Кришна и рассказывает разные истории. Утрачивая представление о происходящем, она обнимала детей, думая, что они и вправду Сам Кришна. Не привыкшие к такому поведению и незнакомые с необычными состояниями сознания Судхамани, дети иногда пугались. У невинной девушки вошло в привычку поклоняться маленьким детям, предлагая им *найведьям*[3] и лакомства и произнося молитвы, ибо она действительно видела в детях Шри Кришну.

Если кому-то случалось бодрствовать в ночные часы, он слышал жалобные мольбы Судхамани, взывавшей к Господу: «Кришна! Кришна! Цель моей жизни! Когда же я смогу созерцать Твой прекрасный образ? Неужели моя жизнь и все усилия узреть Тебя окажутся тщетными? Неужели Ты не слышишь мои мольбы о соединении с Тобой? О Кришна, говорят, что Ты полон сострадания к своим преданным. Неужели я вызвала Твое неудовольствие, о милосердный? Неужели я не заслуживаю быть Твоей слугой? Сколько дней эти молитвы будут оставаться без ответа? Неужели у Тебя нет ни капли сострадания к этому бедному покинутому ребенку? О Канна, неужели и Ты оставил меня? Где Ты?.. Где Ты?..»

В конце концов она падала на землю. Но ее ночи оставались бессонными: она всё ждала и ждала, не смыкая глаз, веря, что Господь может прийти в любой момент.

---

[3] Пища, предлагаемая Богу или божеству в храме перед тем, как она раздается преданным.

Иногда Судхамани лепила образ Кришны из глины и совершала ему поклонение. Она мысленно исповедовалась своему Возлюбленному: «Никто не учил меня, как надо служить и поклоняться Тебе. Пожалуйста, прости мои ошибки!» Затем, не имея цветов, она подносила к стопам образа песок. Завершив обряд поклонения, она чувствовала, что Сам Кришна явился и стоит прямо перед ней. Дрожа всем телом и плача, преисполненная преданности, Судхамани вновь и вновь простиралась перед глиняным образом. В следующий момент ей казалось, что Кришна хочет убежать, и она поспешно бросалась вперед, чтобы схватить и удержать Его. Потом она осознавала, что вся эта игра – лишь плод ее воображения, что глиняное изваяние по-прежнему остается лишь глиной. Заливаясь слезами и жалобно всхлипывая, она продолжала умолять Его: «Кришна! Кришна! Пожалуйста, приди и благослови эту несчастную, томимую жаждой узреть Тебя! Или всё это лишь для того, чтобы испытать мою любовь к Тебе? Почему Ты медлишь? О Канна, я могу стерпеть любые мучения, кроме разлуки с Тобой. О Кришна, или Твое сердце утратило всякое сострадание?»

Судхамани не собиралась сдаваться. Полная сладостного предчувствия, смиренная девушка с непоколебимой верой ждала явления своего Господа. Иногда она считала себя возлюбленной Кришны, а иногда – Его служанкой. Это малообразованное дитя, закончившее всего четыре класса, никогда не читавшее Священных Писаний, стало воплощением высшей преданности Господу Кришне. В молодой Судхамани спонтанно проявлялись различные аспекты высшей преданности.

В это время финансовое положение ее семьи резко ухудшилось, поскольку рыботорговое предприятие Сугунанандана понесло большие убытки. Дамаянти и остальные члены семьи пришли в отчаяние. Однажды Дамаянти сказала Судхамани: «Почему Бог посылает нам страдания?

Дочь, молись за отца. Все его деловые начинания потерпели неудачу».

Судхамани стала размышлять: «О Кришна, с чего начинается страдание? Какова его первопричина? Мать опечалена, потому что хочет, чтобы муж делал ее счастливой, и желает жить в комфорте. Разве не желание делает человека несчастным? О дорогой Кришна, да не буду я втянута в сети желания! Если я буду зависеть от людей, обуреваемых желаниями и погруженных в неведение, то, несомненно, тоже буду страдать. О Кришна, пусть мой ум всегда пребывает у Твоих лотосных стоп!»

В этот период, несмотря на финансовые проблемы, родители Судхамани решили как-нибудь выдать ее замуж. Дамаянти всегда была очень щепетильна в вопросе воспитания своих четырех дочерей, и ее гордость за достигнутые в этом успехи не была тайной для деревенских жителей. Ее дочери должны были быть в глазах общества образцом честности и добродетели. Пятно на их репутации было бы для Дамаянти равносильно полному краху. Поэтому она растила своих дочерей в условиях чрезвычайно строгой дисциплины. Им не разрешалось разговаривать с мужчинами, особенно с молодыми.

В те дни Идаманнель был с четырех сторон окружен водой, и всё же Дамаянти обнесла дом забором для дополнительной защиты от незваных гостей. Более того, она держала в доме собаку, чтобы та предупреждала о приближении чужих людей. Когда собака лаяла, Дамаянти звала Субхагана, чтобы тот выяснил, кто пришел. Если это был незнакомец или молодой человек, Субхаган отказывался открывать дверь. Дамаянти постоянно волновалась за своих повзрослевших дочерей, поэтому ей не терпелось избавиться от Судхамани, которая доставляла ей изрядное беспокойство.

Наконец Сугунанандан и Субхаган нашли для Судхамани подходящего жениха и был назначен день смотрин.

Родители хотели таким образом удостовериться, что молодые люди нравятся друг другу, прежде чем проводить церемонию бракосочетания. Всё было организовано без ведома и согласия Судхамани. Более того, смотрины должны были состояться в другом доме, вдали от Идаманнеля. В назначенный день к Судхамани пришла некая женщина под предлогом того, чтобы сделать заказ на пошив одежды. Она пригласила Судхамани к себе домой, чтобы снять мерки для юбок и блуз своих дочерей.

Придя в дом к этой женщине, Судхамани поняла, что у хозяйки совсем иные намерения. Предложив Судхамани стакан чая, она сказала: «Послушай, Судхамани, в соседней комнате кое-кто сидит. Отнеси-ка ему этот чай». Это традиционный способ представления невесты жениху. Ясно осознав тайное намерение этих людей, Судхамани серьезным тоном ответила: «Я не могу. Я пришла снять мерки, а не подавать чай». Выйдя на улицу, она вернулась к себе домой и рассказала о случившемся Дамаянти. Только тогда она поняла, что на самом деле всё было организовано ее собственными родителями и старшим братом.

Судхамани было сделано еще одно брачное предложение. На сей раз жених и его свита должны были прибыть в Идаманнель. Когда кандидат в мужья явился, Дамаянти ласково попросила Судхамани принести ему бананов. Непослушная невеста в присутствии гостей резко ответила: «Я не буду этого делать! Если хочешь, можешь сама принести ему бананов!» На этом сватовство и завершилось.

Но родители не хотели отказываться от своей затеи. Судхамани получила еще одно предложение, и снова был организован визит жениха в Идаманнель. Перед этим Дамаянти подошла к Судхамани и стала слезно умолять ее: «Доченька, пожалуйста, не порти нам репутацию. Пожалуйста, будь вежлива с твоим будущим мужем». Прибыв на встречу с Судхамани, полный надежд молодой человек молча сел в гостиной. Судхамани на кухне толкла сушеный красный перец деревянным пестиком. Она уже приняла решение вести себя еще более грубо, чем прежде. Схватив пестик обеими руками, подобно солдату, готовому поразить врага штыком, она стала угрожающе им размахивать, кричать и делать нелепые жесты. Дамаянти чуть не упала в обморок от стыда, но Судхамани не собиралась так легко сдаваться. Она продолжала разыгрывать спектакль до тех пор, пока жених не сбежал вместе со своей свитой, посчитав ее сумасшедшей. Судхамани, конечно же, немедленно получила порцию пинков и затрещин.

После этого инцидента Судхамани решила, что, если родители снова станут докучать ей свадебными предложениями, она уйдет из дома и продолжит совершать духовную практику в какой-нибудь пещере или другом уединенном месте. Будучи непреклонной в своем решении не вступать в брак, она надеялась, что родители еще долго не будут предпринимать новых попыток найти ей жениха.

Отношение членов семьи к Судхамани становилось всё хуже и хуже. Не желая дольше этого терпеть, та решила сбежать из дома. В тот же день, когда она приняла это решение, на землю прямо перед ней упал принесенный ветром клочок газеты. Подобрав его, она с удивлением обнаружила, что это газетная вырезка, в которой сообщалось об ужасной судьбе девушки, сбежавшей из дома. Восприняв это как знак свыше, Судхамани отказалась от идеи покинуть дом.

Под воздействием жестокой травли со стороны семьи Судхамани однажды решила уйти из жизни, бросившись в море. Размышляя об этом, она спрашивала себя: «Кто умирает? Кто рождается? Кто может преследовать человека, истинно преданного Господу?» Благодаря этой твердой вере, мысль о смерти покинула ее ум.

В те дни интенсивной *садханы* (духовной практики) Судхамани не могла спать ни в одном доме, кроме своего собственного, и есть пищу, приготовленную на кухне мирян. Если ей случалось вкусить такой пищи, ее охватывало чрезвычайное беспокойство или же ее тошнило. Поэтому большинство дней Судхамани постилась. Если она оказывалась в каком-то другом доме, где раньше спали миряне, ей не удавалось сомкнуть глаз. Но она не беспокоилась из-за сна, поскольку предпочитала бодрствовать, чтобы медитировать и взывать к своему Возлюбленному. Она даже боялась уснуть: ведь, если бы в этот момент явился Кришна, она могла бы упустить долгожданную возможность лицезреть Его Божественный образ.

Даже на этой стадии Судхамани каким-то образом удавалось добросовестно выполнять свои обязанности по хозяйству. Поскольку она постоянно занималась тяжелой работой, жители деревни прозвали ее «Кавери». Кавери – идеальный персонаж, наделенный всеми добродетелями. Даже если она была больна, она ходила от дома к дому, продавая молоко. Видя, какие тяготы претерпевает Судхамани, какими она обладает благородными качествами, деревенские жители безмерно уважали и любили ее.

Горький жизненный опыт и враждебное окружение, в котором она росла, убедили Судхамани, что мирская жизнь эфемерна и основана на эгоизме. Ум Судхамани был занят лишь одним – глубоким размышлением о жизни и ее цели. Пытаясь осмыслить тайну жизни, она думала: «О Боже, разве Ты не видишь все эти печали и страдания? Неужели я одинока в этом мире? Кто мой истинный родственник? Кто мой Отец? Кто моя Мать? Где Истина? Если кто-то рождается в человеческом теле, неужели он обречен страдать?» Судхамани всегда была исполнена сочувствия к обычным людям, которые жаждали преходящих наслаждений мирской жизни. Она молилась за них: «О Господи, пожалуйста, спаси тех, кто страдает от неведения, ошибочно считая этот эфемерный мир чем-то великим. Пожалуйста, надели их истинным знанием».

Коровы были очень дороги Дамаянти. Члены семьи могли страдать, но Дамаянти не допускала, чтобы коровы терпели какие-то лишения. В ее глазах коровы были равны Богу. В сезон юго-западных муссонов заводи Кералы выходили из берегов и соединялись с Аравийским морем, вызывая наводнение по всему побережью. В Идаманнеле от паводка страдал хлев. В этот период Дамаянти загоняла коров в дом! Гостиная наполнялась коровьим навозом и мочой. Все члены семьи протестовали, проклиная Дамаянти, кроме Судхамани, которая любила коров даже больше, чем ее мать, из-за той трогательной роли, которую они играли в жизни Шри Кришны.

Для Судхамани все сезоны были одинаково вдохновляющими – всё было Божественной игрой. Она нисколько не беспокоилась из-за палящего летнего солнца, проливных дождей сезона муссонов или холодного ветра, который дул зимой со стороны океана. Она не видела в природе ничего, кроме своего Возлюбленного. Она ничего не ждала от этого мира; ее единственной целью было слиться с лотосными стопами Шри Кришны. Даже звук падающих капель дождя наполнял сердце Судхамани любовью. Для нее все звуки походили на священный слог «Ом», особенно звук дождя. Она пела хвалу своему Господу в унисон с этим звуком и с радостью смотрела на дождь, представляя Кришну в каждой его капле.

По мере усиления духовных практик Судхамани ее трансцендентальные состояния становились всё более заметными. Иногда она заходила в ванную принять душ, но ее обнаруживали там несколько часов спустя в состоянии транса. Подобные состояния были загадкой для родственников, которые не сомневались, что Судхамани страдает каким-то психическим отклонением. Она была одиноким путником в своем собственном мире. Как мы можем постичь духовную глубину этой невинной девушки, чья любовь не знала границ? Какая сила, если не Сам Бог, вела ее всё глубже и глубже к Самореализации?

Когда Судхамани собирала листья для коз, ее часто сопровождали маленькие дети, которые следовали за ней повсюду. Им нравилось находиться в ее компании: она была их лидером. Когда Судхамани сидела на ветке дерева и срывала листья, ее охватывало явственное чувство, что она сама – Кришна. Позже она вспоминала: «Все мальчики и девочки, стоявшие на земле внизу, казались *гопами* (пастухами) и *гопи* (пасту́шками)».

У Судхамани было много Божественных видений. Ночью ей являлся Кришна. Божественный флейтист ловил ее за руки и танцевал с ней. Иногда Он играл с ней и смешил ее. В эти блаженные моменты она танцевала так, как никогда прежде, исполняя в Божественном экстазе танец Радхи и Кришны. В такие минуты она слышала чарующий звук флейты Кришны. Поначалу она полагала, что Кришна играет на Своей небесной флейте, стоя где-то неподалеку, но затем с изумлением осознавала, что звук исходит из нее самой! От этого осознания ее глаза мгновенно наполнялись слезами, и она падала перед образом Шри Кришны. Если ей случалось заснуть, в мгновение ока являлся Кришна, чтобы разбудить ее. Судхамани позже скажет: «Цвет Его лица был сочетанием темно-синего и светло-красного». Иногда она видела ложе, усыпанное благоухающими цветами. Ловя Судхамани за руки, Кришна танцевал с ней на этом ложе. Он уносил ее с Собой в заоблачную высь и показывал ей разные миры и прекрасные пейзажи. Но Судхамани думала: «Что во всем этом привлекательного, если там нет Его? Он – Сущность; внешнее проявление этих миров всегда будет меняться!» Ее вера была непоколебима. Она часто внутренне возносилась к своему Возлюбленному. Ее самоотдача стала полной.

Иногда Судхамани видела, что Кришна идет рядом с ней. Иногда, сама внутренне отождествляясь с Кришной, она испытывала желание сорвать со стен все изображения богов и богинь, включая изображения Кришны. «Эти портреты – всего лишь бумага и краски; они – не Кришна! Я сама – Кришна!» В следующий момент ее отношение менялось: «Нет, я не должна срывать эти изображения, ведь именно этот портрет помог мне обрести Кришну. Всё пронизано Кришной – высшим Сознанием. Поэтому этот портрет также – То!»

Вѝдение и осознание всего как Кришны было венцом многих лет самоотдачи и пламенного стремления к Богу. Теперь можно было наблюдать, как Судхамани обнимает деревья, целует растения и маленьких детей, поскольку повсюду, куда бы она ни бросила взор, она видела чарующий образ Господа Кришны. Не было ни малейшей частицы пространства, где бы Он отсутствовал.

Позже она скажет об этом периоде следующее:

«Я видела Кришну во всех проявлениях природы. Я не могла сорвать ни одного цветка, потому что знала, что он тоже Кришна. Когда моего тела касался легкий ветерок, я чувствовала, что это Кришна ласкает меня. Я боялась сделать шаг, так как думала: "Я ступаю по Кришне!" Каждая песчинка была для меня Кришной. Время от времени я ясно сознавала, что я – Кришна. Постепенно это стало естественным состоянием. Я больше не могла найти никакого различия между собой и Кришной, жившим во Вриндаване».

Так Судхамани утвердилась в Океане чистого бытия и блаженства и обрела совершенный покой ума. Однако ее тождественность Всевышнему всё еще оставалась неведомой ее семье и деревенским жителям. Хотя внешне она казалась прежней обычной деревенской девушкой, внутренне она была едина с Господом Кришной, и осознание единой Реальности стало для нее естественным состоянием.

Глава пятая

На благо мира

Все божества индуистского пантеона, олицетворяющие бесчисленные аспекты единого высшего Существа, пребывают также и внутри нас. Божественное воплощение может являть любой из этих аспектов на благо мира посредством простого волеизъявления. Явление Божественного состояния Кришны (Кришна-бхава) – это явление Пуруши, или того аспекта Абсолюта, который суть чистое сознание.

Мата Амританандамайи

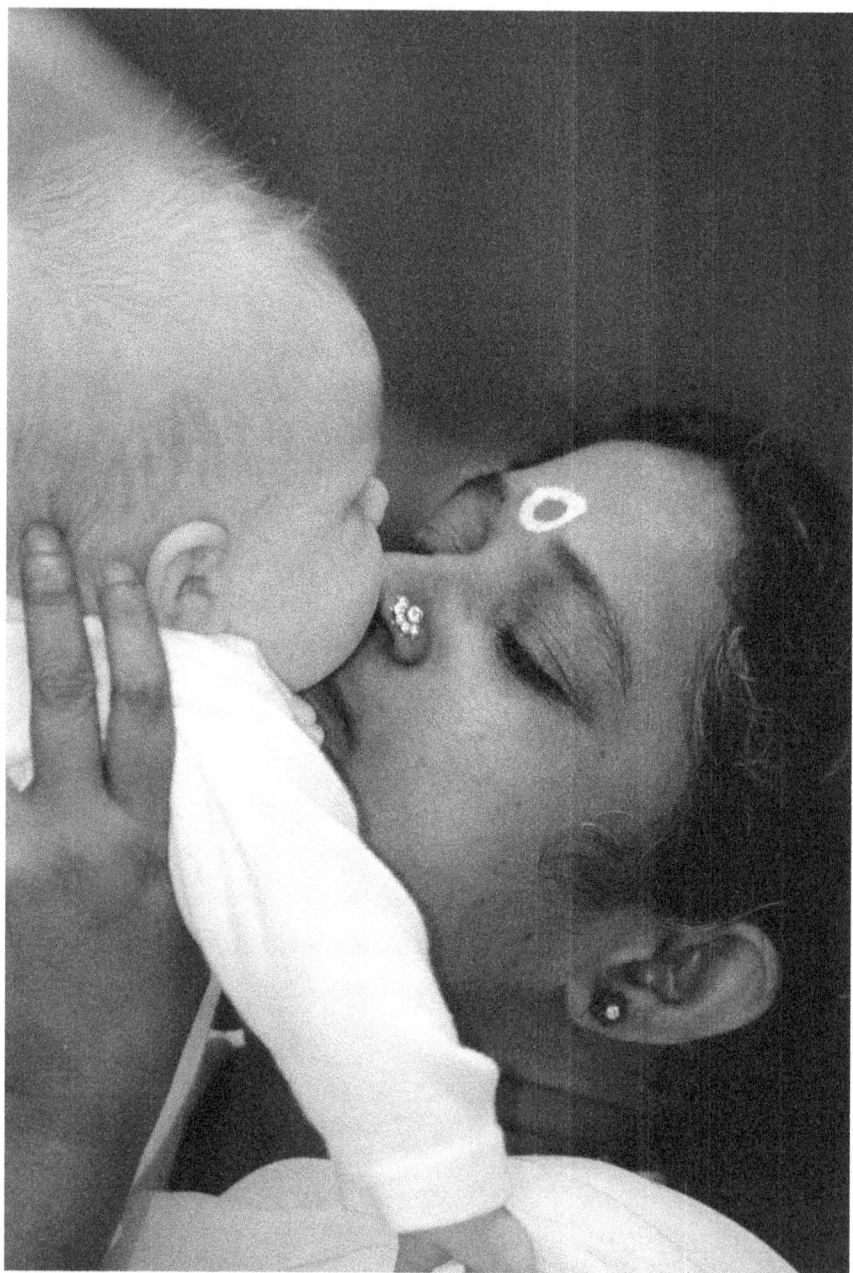

Мне не ведома никакая иная реальность, кроме Шри Кришны, который держит в руках флейту, прекрасен, как долгожданная дождевая туча, облачен в желтые одеяния, чьи губы красны, как плод аруны бимбы, чей лик прекрасен, как полная луна, чьи удлиненные глаза подобны лепесткам лотоса.

Мадхусудана Сарасвати

Явление Кришна-бхавы

Молодой Судхамани, всё существо которой навсегда утвердилось во Всевышнем, теперь стоило большого труда как прежде выполнять работу по хозяйству. Она старалась изо всех сил, но, как мы увидим, Господь уготовил ей иную долю.

В среду вечером, в сентябре 1975 года, произошли события, которые ознаменовали начало новой главы в духовной летописи Индии. Судхамани только что закончила собирать траву для коров и возвращалась домой в сопровождении младшего брата, Сатиша. Было около пяти часов пополудни. Неся на голове большую охапку травы, Судхамани, как обычно, пребывала в возвышенном состоянии сознания и напевала мелодию духовной песни. Когда брат и сестра проходили мимо ворот соседнего дома, расположенного к северу от Идаманнеля, Судхамани вдруг резко остановилась. Она услышала заключительные стихи эпоса «Шримад Бхагаватам», которые читали вслух во внутреннем дворе[1]. Чтение только что завершилось, начинались духовные песнопения.

Судхамани застыла в неподвижности, словно зачарованная, и, казалось, внимательно слушала пение. Внезапно ее

---

[1] Каждый месяц домохозяин по имени Шри Нараянан из соседней деревни устраивал чтение этого великого эпоса, повествующего о жизни и забавах Господа Кришны.

настроение резко изменилось. Уронив траву, она стремглав ринулась к тому месту, где собрались почитатели Кришны, и встала среди них. Ее переполняло Божественное блаженство, и внутреннее отождествление с Господом перетекло во внешнее существо, преобразив ее черты и движения в черты и движения Самого Шри Кришны!

Ошеломленные преданные решили, что Шри Кришна воистину неожиданно явился им в образе этой деревенской девушки, чтобы благословить их. Судхамани попросила одного из преданных принести воды и окропила ею каждого из присутствующих как священной. Новость о Божественном явлении Судхамани быстро облетела округу, и вскоре собралась большая толпа. Некоторые скептики стали высказывать сомнения по поводу неожиданно явленного Божественного состояния сознания Судхамани, заявив: «Если ты действительно Господь Кришна, ты должна доказать это, совершив чудо. Как иначе мы сможем поверить?» Незамедлительно прозвучал ответ: «Объект, не существовавший ранее, не может быть вызван к существованию. В действительности все объекты – лишь проекции ума. Обладая настоящим Сокровищем внутри, почему вы жаждете подделки? Хотя чистое Бытие внутри вас, оно скрыто завесой неведения».

Не способные постичь эту возвышенную истину, поведанную той, что утвердилась в чистом Бытии, скептики вновь и вновь требовали чуда. Судхамани ответила: «Мне неинтересно вселять в кого-либо веру посредством чудес. В мои намерения не входит являть чудеса. Моя цель – вдохновлять людей стремиться к освобождению посредством познания вечной Сущности. Чудеса иллюзорны. Не в них суть духовности. Более того, если чудо будет явлено однажды, вы будете требовать его повторения снова и снова. Я здесь не для порождения желания, а для его искоренения».

Скептики настаивали: «Нет, мы не будем больше просить; покажи нам чудо один раз, и мы не станем требовать снова!» В конце концов Судхамани уступила: «Чтобы вселить в вас веру, я сотворю чудо один раз, но никогда больше не высказывайте мне подобных желаний. Пусть сомневающиеся придут на это же самое место в день следующего чтения "Шримад Бхагаватам"».

Когда проводилось следующее чтение «Шримад Бхагаватам», внутри и снаружи дома собралась огромная толпа. Неверующие даже забрались на деревья и расселись на крышах, надеясь разоблачить мошенничество. Раскрывая свое единство с Кришной, Судхамани попросила одного из неверующих принести кувшин с водой, которой она, как и в прошлый раз, окропила преданных как священной. Затем она попросила этого же человека окунуть пальцы в оставшуюся воду. Ко всеобщему изумлению, вода превратилась в чистое молоко! Оно было распределено среди собравшихся как священный дар Божий. Тогда Судхамани подозвала другого скептика и попросила его окунуть пальцы в кувшин. Теперь молоко в кувшине превратилось в сладкий и ароматный *панчамритам* (пудинг из молока, бананов, сахара-сырца, изюма и сахара-кандиса). Все присутствующие стали восклицать: «О Боже! Боже!» – и поверили, что они воистину находятся в Божественном присутствии Господа Кришны. *Панчамритам* распределяли среди более чем тысячи собравшихся, и всё же сосуд оставался полным до краёв. Некоторые люди, сидевшие поодаль, около небольшого баньяна на берегу моря, также получили сладкий пудинг, но содержимое сосуда не уменьшилось. По-прежнему не удовлетворившись, несколько скептиков заявили, что всё происходящее – ловкий гипноз, настойчиво утверждая, что *панчамритам* исчезнет через пару секунд. К их великому разочарованию, он не исчез, а сладкий аромат оставался у всех на руках в течение нескольких дней. Это событие чрезвычайно укрепило веру деревенских жителей – все они теперь были твёрдо убеждены в божественности Судхамани.

Говоря о явлении Кришна-бхавы, Судхамани впоследствии объяснила это так: «Было время, когда я танцевала в блаженстве и бродила в одиночестве, пребывая в Кришна-бхаве, но никто не знал об этом. Однажды я ощутила сильное желание раствориться в высшем Существе безвозвратно. Тогда я услышала исходивший изнутри голос: "Великое множество людей страдает в этом мире. Я приготовил для тебя – той, что едина со Мной, – много работы"».

Именно после того, как Судхамани услышала этот голос, она явила деревенским жителям свою внутреннюю тождественность Господу Кришне. Судхамани продолжала: «Я знала всё о каждом. Я полностью сознавала, что я сама – Кришна, причем не только во время явления Кришна-бхавы, но и всё остальное время. У меня не было ощущения: "Я великая". Когда я видела людей и осознавала их горести, я испытывала к ним огромное сострадание. Мне было ведомо о преданных, поклоняющихся мне и называющих меня "Господь". Я понимала, какие печали гнетут преданных, даже если они не говорили о них».

С тех пор Судхамани стала регулярно являть Кришна-бхаву около небольшого баньяна близ прибрежной дороги к западу от Идаманнеля. Дерево было окружено дивной цветущей зеленью. Несколькими годами ранее жители деревни планировали построить там храм. Чтобы обозначить участок будущего храма, несколько молодых людей посадили там еще один баньян и зажгли священную лампаду.

Сугунанандан морально поддерживал молодых людей и сам принимал активное участие в осуществлении их начинания. Его пожилая мать Мадхави, которую часто сопровождала Судхамани, приходила к баньяну каждый вечер, зажигала лампаду и пела священные песни. Перед баньяном была построена крошечная хижина с крышей из переплетенных пальмовых листьев, внутри которой были установлены изображения Господа Кришны и Матери Кали[2].

И вот несколько лет спустя именно на этом месте Судхамани раскрыла свою тождественность Господу Кришне. Этот участок земли, являясь общественной собственностью, был удобным местом для сбора людей, приходивших принять участие в благой Кришна-бхаве. Лежа горизонтально на тонкой ветви баньяна, Судхамани принимала позу Анантасаяны – Господа Вишну, возлежащего на тысячеголовом змее Ананте. В это время она усилием воли делала свое тело легким, как воздух. Преданные дивились открывавшемуся их взору зрелищу.

Это священное место стало настоящим Вриндаваном, обителью Шри Кришны. Его атмосфера была напитана духовными песнопениями, восхваляющими Господа. Преданные стали стекаться сюда не только для того, чтобы получить благоприятный *даршан*[3] Шри Кришны, но и чтобы избавиться от бремени гнетущих их проблем. Несчастья преданных загадочным образом исчезали, стоило поведать о них Судхамани во время Кришна-бхавы.

В те дни, если люди молили Судхамани о разрешении своих проблем, она, пребывая в состоянии сознания Кришны, велела им зажигать кусочек камфоры и класть ей на высунутый язык. Затем она проглатывала его вместе с огнем! После окончания *бхавы* у нее на языке не было ни следа ожога. Эта практика также усилила веру людей.

Новости о Кришна-бхаве быстро распространялись, и люди стали стекаться в Параякадаву не только из Кералы, но и из других частей Индии. Эта деревня стала священным местом паломничества для всё возрастающего числа людей.

---

[2] Этот храм находится около гравийной дорожки на пути из ашрама к океану.

[3] Лицезрение святого или божества.

Некоторые приходили с просьбой об исцелении от болезней, некоторые искали избавления от материальных трудностей, кто-то приходил из любопытства, а кто-то – из преданности. Но у всех было нечто общее: после посещения Судхамани всем удавалось найти решение своих проблем.

Группа местных скептиков начала приходить в надежде разоблачить мошенничество, которое, как они полагали, совершалось под видом Божественного состояния сознания Судхамани. Однако Судхамани оставалась уравновешенной при любых обстоятельствах. Позже она скажет об этом следующее:

«Во время *бхавы* ко мне приходят разные люди: одни – из преданности, другие – за решением мирских проблем, третьи – за исцелением от болезней. Я не отвергаю никого. Разве я могу отвергнуть их? Разве они отличны от меня? Разве мы все не бусины, нанизанные на одну нить сознания? Каждый из приходящих видит меня в соответствии со своим уровнем понимания. И те, которые любят меня, и те, которые ненавидят меня, равны в моих глазах».

Во время первых двух Кришна-бхав Сугунанандана не было в деревне, так как он уехал по делам. Услышав о таинственном преображении дочери, он заподозрил, что у нее какая-то непонятная болезнь. Однако, прежде, чем сделать окончательные выводы, он решил увидеть Кришна-бхаву собственными глазами и организовал в Идаманнеле чтение «Шримад Бхагаватам». В тот день Судхамани вновь явила свое единство с Шри Кришной. Наблюдая Божественное состояние сознания дочери, которая с самого рождения преподносила сюрприз за сюрпризом, Сугунанандан был настолько поражен, что лишился дара речи. С тех пор Сугунанандан, всегда искренне почитавший Господа Кришну, начал принимать участие во всех *бхава-даршанах*, которые стали регулярно проводиться в этой священной рыбацкой деревушке.

В этот период Дамаянти и Сугунанандан всё еще полагали, что Божественные состояния сознания Судхамани – всего лишь одержимость Господом Кришной, а ее религиозные практики – временные отклонения, которые в один прекрасный день прекратятся. Они ждали наступления этого дня, чтобы выдать ее замуж. Нельзя винить их за это заблуждение, ведь они не имели никакого понятия о Великих Душах и их поведении. У родителей Судхамани было простое представление о Боге: они были уверены, что Его проявления на земле ограничены лишь идолами богов и богинь в алтарных комнатах и храмах. Бога не найти ни в каком ином месте, тем более в их эксцентричной дочери!

Несмотря на предыдущий неудачный опыт сватовства, родители стали вновь предпринимать попытки устроить брак Судхамани, и та вновь дала решительный отпор всем потенциальным женихам, которые прибывали в Идаманнель. В конце концов Судхамани гневно предупредила родителей: «Если вам удастся выдать меня замуж, я убью мужа, а потом вернусь в Идаманнель!»

После того, как все попытки выдать Судхамани замуж потерпели неудачу, родители решили обратиться за советом к известному астрологу[4], который жил далеко от их деревни и никогда ничего не слышал ни об Идаманнеле, ни о Судхамани, ни о Божественных состояниях ее сознания. Родители надеялись, что им наконец удастся преодолеть упрямство дочери. Изучив гороскоп Судхамани, астролог повернулся к Сугунанандану и серьезным тоном заявил: «Эта девушка – Великая Душа! Если брак еще не устроен, пожалуйста, оставьте все попытки выдать ее замуж. Если брак уже заключен, немедленно заберите ее назад. В противном случае на вас обрушится страшное несчастье; вы навлечете на себя

---

[4] В Индии браки традиционно устраиваются родителями после того, как астролог проверит гороскоп дочери или сына.

большое горе». Отец вернулся домой с тяжелым сердцем, и от всех планов выдать Судхамани замуж пришлось отказаться.

Когда люди поняли, что Кришна-бхава, которую являет Судхамани, подлинна, за ее благословениями стало стекаться всё больше и больше народу. В то же время некоторые приходили в надежде воспользоваться Божественной благосклонностью Судхамани для осуществления эгоистичных замыслов и наживы. Однажды к Судхамани подошли люди, желавшие проверить, соблазнится ли она деньгами. Они посулили ей большую сумму, если она сотворит несколько чудес. Судхамани громко рассмеялась и ласково сказала им: «Мне нечего приобретать, творя чудеса. Моя цель не в том, чтобы прославиться и разбогатеть, являя чудеса. В нас – великое, неистощимое богатство божественности. Зачем отказываться от него и гнаться за преходящим, ничтожным богатством этого мира? Бескорыстное служение Богу и страждущему человечеству – вот цель моей жизни. Я здесь не для того, чтобы что-то приобрести, а для того, чтобы отречься от всего ради счастья других».

Число преданных с каждым днем росло, поскольку удивительный опыт людей, приходивших к Судхамани во время Кришна-бхавы, вдохновлял и других искать у нее прибежища. На берегу вокруг баньяна всё пульсировало вибрациями духовных песнопений, и жители деревни, забыв о разногласиях, собирались вместе, чтобы получить благословение Судхамани.

Однажды, во время Кришна-бхавы, у храма близ священного баньяна собралась огромная толпа преданных. Внезапно небо над ними заволокло темными, грозными дождевыми тучами, и вскоре начался ливень. Поскольку поблизости не было никакого укрытия, преданные стояли, ожидая, что вот-вот вымокнут до нитки. Ко всеобщему изумлению, на то место, где они стояли, не упало ни капли, хотя повсюду вокруг дождь лил как из ведра.

В этот период жителей деревни часто пугала кобра, особенно когда они выходили на улицу в темное время суток. Люди часто видели, как эта кобра беспрепятственно ползает то тут, то там, и все стали бояться ходить по берегу после наступления темноты. Несколько жителей деревни пришли к Судхамани во время Кришна-бхавы и взмолились, чтобы она решила эту проблему. Спустя некоторое время, в один из вечеров явления Божественного состояния сознания, появилась эта страшная змея. Люди бросились врассыпную и в страхе затаились на почтительном расстоянии. Судхамани бесстрашно схватила кобру и коснулась ее языка своим языком. После этого она отпустила кобру. Эта ядовитая змея больше никогда не тревожила деревенских жителей, и с тех пор они снова смогли беспрепятственно ходить по берегу.

Однажды «дети Матери-моря», как называли рыбаков, голодали, поскольку в течение многих дней не могли наловить рыбы. Они пришли к Судхамани во время Кришна-бхавы и поведали ей о своем горе. Дав им лист туласи[5], она наказала, чтобы маленький мальчик бросил его в море в определенном месте, где им затем надлежало ловить рыбу. Желая испытать ее, рыбаки не последовали ее совету, а пришли к ней снова во время следующего *даршана*. Не успели они и слова промолвить, как Судхамани разоблачила их лукавство и вновь предложила им лист туласи. Удивленные и полные раскаяния, они приняли лист и отправились к морю, но по какой-то причине не смогли бросить его в указанном месте. Во время следующего *даршана*, сжалившись над ними, Судхамани стала в состоянии блаженства танцевать на берегу моря и тем самым даровала свое благословение. На следующий день, к великой радости и утешению рыбаков, прямо к берегу приплыл огромный косяк рыбы. Никогда

---

[5] Разновидность базилика, который считается священным и связанным с Шри Кришной.

прежде в истории деревни не было такого обильного улова. Судхамани совершала подобные чудеса еще два раза в ответ на искренние молитвы рыбаков. Но она не очень одобряла и не поощряла подобных проявлений преданности со стороны деревенских жителей, поскольку они были основаны на эгоизме и продиктованы желанием.

Хотя Кришна-бхава была лишь внешним проявлением бесконечной духовной силы Судхамани, выраженной через образ Кришны, ее родители и большинство деревенских жителей полагали, что во время *бхавы* она просто временно одержима Кришной. Более того, ее старший брат и родители думали, что она страдает шизофренией или каким-то другим психическим расстройством. Что касается Судхамани, она позволяла им так считать. В это время ее, по-видимому, удовлетворяло, что люди испытывают преданность по отношению к Богу и получают облегчение от мирских страданий в результате *бхава-даршанов*. Следующие акты этой Божественной драмы должны были разыгрываться в свое время согласно нуждам людей.

Побережье не было идеальным местом для проведения *бхава-даршанов*, хотя преданные могли свободно там собираться. В то время как некоторые приходили из почтения и преданности, одна группа постоянно являлась оскорблять Судхамани и докучать ей. Кроме того, на фоне быстрого роста числа преданных вокруг баньяна стало твориться неладное. Корыстолюбивая группа жителей деревни сформировала правление, которое решило установить запертый ящик для сбора денежных пожертвований в свою пользу. Это предвещало формирование враждебного альянса.

Подобное развитие событий очень опечалило Сугунанандана. Однажды ночью, во время Кришна-бхавы, он подошел к Судхамани и поделился с ней своей озабоченностью: «Мне больно видеть, что ты проводишь *бхава-даршаны* на этой обочине. Мне также невыносимо слышать, как неверующие насмехаются над тобой. Ты моя дочь, и у меня разрывается сердце, когда я вижу тебя в окружении разношерстной толпы в общественном месте». Сказав это, он залился слезами.

Судхамани ответила: «В таком случае предоставь мне другое место для встреч с моими преданными. Если нет иного места, подойдет тот хлев». Сугунанандан охотно согласился, и был организован ремонт хлева. Пол был зацементирован, а посередине была возведена перегородка в половину высоты стен, разделявшая помещение на две части. Одна часть продолжала служить хлевом, а другая была подготовлена для *бхава-даршанов*. Все четыре стены были покрыты переплетенными пальмовыми листьями.

Вскоре *бхава-даршаны* были перенесены из прибрежного храма у баньяна в Идаманнель, где они продолжаются и по сей день. Во время Кришна-бхавы Судхамани теперь стояла в заново отстроенном месте поклонения. Опираясь на перегородку, она время от времени наклонялась и клала руку на одну из коров, стоявших с другой стороны.

Однажды ночью, во время Кришна-бхавы, Судхамани подозвала своего отца и сказала ему: «Мои преданные будут приезжать сюда со всего света. Многие из них станут жить здесь постоянно. Тебе придется столкнуться со многими препятствиями, но не бойся этого. Безропотно сноси всё. Никому не мсти. Не завидуй. Не стремись получить что-либо от кого-либо. Всё, в чем ты нуждаешься, придет к тебе само. Всегда отдавай часть того, что получаешь, на благотворительные цели. Со временем это место станет великим духовным центром. Малышка много раз объедет весь мир. Хотя в ближайшем будущем тебе, возможно, придется много страдать, Бог всегда будет благословлять тебя и обеспечивать всем необходимым. Твои родственники и даже жители деревни будут ненавидеть и оскорблять тебя, но со временем они станут твоими друзьями. Тысячи моих преданных станут тебе как дети. С этого дня малышка всегда будет чистой».

Сугунанандан был в очередной раз потрясен. Его темно-синяя дочь, которую он столько раз бил собственными руками, объедет весь мир?! Да она никогда не была даже на мысе Коморин[6]! Тысячи людей приедут в Идаманнель? Где все они разместятся? Дом же крошечный! И что означает фраза, что малышка всегда будет чистой[7]? Хотя произнесенные Судхамани слова оставили глубокий отпечаток в уме Сугунанандана, в то время он не придал им значения, посчитав бреднями. Лишь спустя годы он осознал абсолютную истинность того, что дочь сказала ему в тот день.

Некоторые из местных жителей решили, что перенос Кришна-бхавы нанес урон их интересам, и стали бурно протестовать, говоря: «Нам не нужен Бог, который идет на поводу у своего отца!» Преданные, которые раньше исполняли песнопения близ маленького храма у баньяна, теперь раскололись на две группы. Одна из них оказалась в оппозиции, что выражалось в отказе от сотрудничества, а другая стала приходить в Идаманнель и, как прежде, петь *бхаджаны* (духовные песнопения) во время *бхава-даршанов*. Возмущенная поведением лояльных преданных, группа деревенских жителей стала являться в Идаманнель с единственным намерением: скандалить и чинить неприятности. Эти люди открыто оскорбляли исполнителей *бхаджанов*, когда те пели во время *бхава-даршанов*. Враждебно настроенная группа, в которой были и мужчины, и женщины, продолжала являться до тех пор, пока терпению Сугунанандана не пришел конец. С помощью нескольких преданных он выгнал буянов из Идаманнеля. Но это было лишь началом неприятностей.

---

[6] Мыс Коморин, или Канья-Кумари – это южная оконечность Индии, находящаяся в двухстах километрах к югу от Параякадаву.
[7] После начала Кришна-бхавы у Судхамани никогда больше не было месячных.

Движение рационалистов

В составе этой агрессивной группы были сыновья крупных деревенских землевладельцев. Они объединились и сформировали организацию, которую назвали «Комитет по устранению слепых верований», или «Движение рационалистов». Им удалось привлечь на свою сторону тысячу юнцов из тринадцати прибрежных деревень, которые начали кампанию с целью положить конец проявлениям Божественного состояния сознания Судхамани.

Жители деревни прониклись любовью к добродетельной и великодушной Судхамани, когда она была еще ребенком и встречала каждое утро чарующим пением, обращенным к Кришне. Более того, они были глубоко ей преданы и неколебимо верили в ее Божественное состояние сознания. Но непримиримость Сугунанандана привела к обострению скрытых чувств зависти и вражды, которые испытывали некоторые из них.

Когда Кришна-бхавы только начались, во время одного из *даршанов* Судхамани наказала отцу ни с кем не ссориться и не мстить никому из тех, кто выступает против нее. Не прислушавшись к ее Божественному совету, Сугунанандан предпринял ряд шагов против вышеупомянутого комитета, что только усилило вражду так называемых рационалистов. Они начали с изобретения издевательских лозунгов, мишенью которых была Судхамани. Затем они опубликовали заметки, полные необоснованной и абсурдной критики в ее адрес. На этом их злокозненная кампания не закончилась – их попытки опорочить Судхамани и положить конец Кришна-бхаве только начинались. Их следующим шагом был ложный донос на Судхамани в полицию, в котором утверждалось, что она обманывает людей, прикрываясь преданностью Господу.

В результате этого доноса в Идаманнель прибыли несколько полицейских, чтобы допросить Судхамани.

Ничуть не смутившись, она сказала им: «Пожалуйста, арестуйте меня, если хотите, и посадите в тюрьму. Здесь семья и жители деревни не позволяют мне медитировать. По крайней мере, в тюрьме я буду в одиночестве и смогу сосредоточиться на Боге. Если на то воля Божья, да будет так». Сказав это, она вытянула руки вперед. На полицейских произвела большое впечатление ее смелая и вместе с тем простодушная манера обращения к ним и реакция на ситуацию. Кое-кто подумал, что она, верно, сумасшедшая, но другие были очарованы ею, и им стало жаль, что на такую Великую Душу так бессовестно клевещут и преследуют ее. Полицейские выразили свое почтение и покинули Идаманнель. Следующую песню Судхамани сочинила в период появления этого ложного доноса и последовавшего за ним полицейского расследования:

Бхагаване, Бхагаване

Ты сострадателен к преданным...
О чистое сознание!
Избавитель от всех беззаконий!
Ужель в этом мире живут одни только грешники?

О Бхагаван[8]! О Бхагаван!
Кто же наставит на праведный путь?
Основополагающие принципы[9]
Встречаются лишь на страницах книг...

О Бхагаван! О Бхагаван!
Повсюду вокруг лишь
Лживые маски и показная мишура.
О Канна, молю, защити и
Восстанови праведность!

---

[8] Господь.
[9] Вечные духовные истины, изложенные в Священных Писаниях.

Однажды, когда смеркалось и исполнялись духовные песнопения, в Идаманнель прибыл еще один полицейский, не удовлетворенный результатами первого расследования. Поводом для его приезда послужила новая жалоба. К его удивлению, царившая в Идаманнеле атмосфера оказала на него успокаивающее действие, и, не обнаружив ничего противоправного или предосудительного, он тоже ретировался, не произнеся ни слова.

Недоброжелатели не оставляли попыток положить конец Божественному состоянию сознания Судхамани. Теперь они сменили тактику и стали прибегать к гораздо более прямолинейным и агрессивным действиям для достижения своей цели. Их следующий план заключался в том, чтобы, разделившись на несколько групп, явиться в Идаманнель во время *бхава-даршана* и схватить Судхамани в то время, когда она будет пребывать в Божественном состоянии сознания, тем самым опозорив ее и превратив *даршан* в балаган. Схватив ее, они собирались задать ей трепку. Хулиганы были уверены, что их нехитрый план сработает, поскольку гордились своей храбростью и силой. Однако еще до окончания *даршана* они вынуждены были с позором покинуть Идаманнель, так как, по какой-то необъяснимой причине, ни один из них не посмел приблизиться к Судхамани во время проявления Божественного состояния сознания.

Не останавливаясь ни перед чем, они тогда наняли черного мага, известного мастера наводить злые чары. Он лично прибыл в Идаманнель и предложил Судхамани так называемый «священный пепел», в который вселил злые силы. Этот пепел был приготовлен из обугленного тела кобры и обладал столь сильным пагубным действием, что получивший его человек должен был погибнуть. Даже взять такой пепел в руку считалось дурным предзнаменованием, сулящим огромное несчастье. Полностью сознавая возможные последствия, Судхамани приняла пепел и натерла им тело на глазах у заблудшего мага. Она подумала: «Если телу суждено от этого погибнуть, то так тому и быть. Если на то воля Божья, разве можно этого избежать?» Беспринципный маг долго ждал, пока начнут действовать злые чары, но этого так и не произошло. В конце концов он был вынужден уехать, признав полное поражение, поскольку даже спустя несколько часов не случилось ничего необычного.

В отчаянной попытке покончить с Судхамани и ее Божественным состоянием сознания, злодеи тогда привели в действие самый коварный план. Во время Кришна-бхавы они вошли в храм и предложили Судхамани стакан молока, в которое был подмешан смертельный яд. Судхамани безупречно сыграла свою роль – любезно улыбаясь, она без колебания выпила всё молоко. Злодеи остались в храме, с нетерпением ожидая момента, когда Судхамани рухнет на землю, забьется в судорогах и испустит дух. К их крайнему смятению, спустя несколько мгновений, она повернулась в их сторону, извергла из желудка отравленное молоко прямо перед ними и как ни в чем не бывало продолжила принимать преданных. Рационалисты сбежали и временно прекратили осуществление направленной против нее кампании.

Еще одним препятствием, с которым постоянно сталкивалась Судхамани, было отношение ее собственной семьи. Несмотря на непрерывную травлю со стороны родственников, ум Судхамани невозможно было вывести из равновесия, как невозможно было поколебать ее терпимость и сострадательную решимость облегчать боль страждущих, будь то друг или враг, член семьи или незнакомец.

Формирование враждебной организации и предпринимаемые ею попытки причинить вред невинной Судхамани доставляли Сугунанандану сильные душевные муки. В этот период Судхамани обычно проводила ночи на открытом воздухе, медитируя под усыпанным звездами небесным сводом. Она с детства считала священными ночное уединение и безмолвие, позволявшие ей беспрепятственно общаться с Божественным и блаженно танцевать в состоянии упоения Богом.

Опасения Сугунанандана за дочь усилились, когда он подумал, что враги могут незаметно напасть на нее в то время, когда она медитирует в одиночестве. Поэтому однажды он приказал: «Дочь, приходи спать в дом!» Судхамани решительно заверила отца: «У меня нет собственного дома. Я предпочитаю спать на открытом воздухе. Бог вездесущ. Он всюду: и снаружи, и внутри. Так зачем мне беспокоиться? Если кто-то придет причинить мне вред, Бог защитит меня».

Что касается Дамаянти, то, когда начиналась Кришна-бхава, она верила в Кришну, но как только *бхава* заканчивалась, ее отношение к дочери вновь становилось жестоким. Она полагала, что Судхамани одержима Кришной лишь во время *бхава-даршана*. В другое же время она оставалась для нее ничтожной служанкой и эксцентричной дочерью. После явления Кришна-бхавы Дамаянти ничего не оставалось, как освободить Судхамани от домашних обязанностей, потому что ее ум мог в любой момент воспарить в *самадхи* независимо от того, где она находилась. Случись ей в это время готовить пищу или пробираться через завод, она могла бы подвергнуться серьезной опасности из-за полной отрешенности от внешнего мира.

Как мы уже упоминали, Дамаянти требовала от дочери неукоснительного соблюдения освященных традицией правил поведения. Она запрещала Судхамани разговаривать с кем-либо из преданных, особенно с юношами, после завершения *даршана*. Если та нарушала запрет, Дамаянти без малейшего колебания сурово бранила и била ее. Она всё еще боялась, что Судхамани своим необычным поведением опозорит семью. Хотя Судхамани была выше симпатий и антипатий, родители ошибочно считали ее обычной девушкой, наделенной, за исключением времени *бхава-даршана*, всеми человеческими чувствами и слабостями. Мы можем лишь удивляться тому, что люди, находившиеся к ней ближе всего, были меньше всего способны понять ее постоянное пребывание в Божественном сознании.

Наиболее непримиримым из членов семьи был Субхаган, старший брат Судхамани. То, как сестра принимала преданных, вызывало у него резкое неприятие, и он терпеть не мог ее экстатического пения и танцев. Судхамани, находившаяся за пределами всякой двойственности, одинаково принимала мужчин и женщин, детей и стариков. Это приводило в бешенство Субхагана, который не только был атеистом, но и твердо полагал, что женщины по своему статусу ниже мужчин и должны быть тише воды, ниже травы. Он считал свою сестру шизофреничкой и всеми возможными способами чинил ей препятствия.

Однажды он намеренно разбил лампаду, которую преданные зажигали в храме во время Кришна-бхавы. Придя вечером на *даршан* и увидев разбитую лампаду, люди погрузились в глубокое уныние, поскольку ее нечем было заменить. Видя их несчастные лица, Судхамани попросила преданных принести несколько морских ракушек. Когда это было сделано, она попросила поместить в них фитили и зажечь их, несмотря на отсутствие в ракушках масла. И тогда произошло невероятное. Фитили не только зажглись, но и горели всю ночь до окончания Кришна-бхавы – без единой капли масла! Когда у Судхамани спросили, как такое могло случиться, она просто ответила: «Лампады горели всю ночь благодаря *санкальпе*[10] преданных». В день следующего *бхавадаршана* один преданный, который ничего не знал о разбитой лампаде и продолжении этой истории, пожертвовал на нужды храма масляные лампады. В ответ на расспросы преданных он объяснил, что ему приснился сон, в котором ему было велено принести лампады.

---

[10] Чистое волеизъявление.

На некоторых деревенских жителей, надменно высмеивавших Судхамани, обрушились большие беды. Вот рассказ об одном подобном случае.

Как-то раз Судхамани возвращалась домой после посещения одного из близлежащих домов. У дороги стояла группа деревенских жителей. Проходя мимо, Судхамани услышала, как один из них насмехается над ней. Этот человек, местный богач, громко говорил другому: «Посмотри на эту девушку – она сумасшедшая. Вечно поет, танцует и притворяется, что она – Кришна. Какая чушь! Она просто истеричка. Если бы только отец выдал ее замуж, она бы вылечилась». Услышав эти едкие замечания, его друзья расхохотались. Богач с большим самомнением продолжал: «Если ее отцу нужно приданое, я готов предоставить ему кредит в две тысячи рупий, чтобы выдать эту девицу замуж. Надо бы сообщить ему об этом сегодня!»

Судхамани не произнесла ни слова. Придя домой, она бросилась в алтарную комнату и заперлась в ней. Сидя там, она стала изливать душу Кришне: «О Кришна, разве Ты не слышишь, что они говорят? Они называют меня сумасшедшей! Они ничего не ведают о Твоей красоте и хотят навязать мне свой эгоцентричный образ жизни. О Кришна, защищающий тех, кто ищет в Тебе прибежища, неужели и Ты покинул меня? Если это так, кто будет поклоняться Тебе, видя мое отчаянное положение? Неужели это награда за те слезы, что я пролила, думая лишь о Тебе? Неужели моя любовь и преданность – всего лишь бред сумасшедшей? Все эти дни Ты был моим единственным утешением. В синем небе я вижу Твой улыбающийся лик, в волнах я вижу Твой танцующий образ. Утренняя песня голубей – это мелодия Твоей Божественной флейты! О Кришна, Кришна...» Молясь таким образом, она зарыдала и упала на пол.

Тем временем богач, высмеивавший Судхамани, был занят приготовлением своих лодок и сетей к дневному лову рыбы. Собрав своих работников, он вышел в море. В тот день улов оказался исключительно обильным, и все радовались, возвращаясь к берегу.

На обратном пути некоторые из работников, любивших Судхамани и поклонявшихся ей, сказали владельцу лодки: «Знаешь, зря ты сегодня насмехался над невинной малышкой». Хозяин ехидно парировал: «И что с того? Посмотрите, что случилось из-за того, что я над ней смеялся: мы поймали больше рыбы, чем обычно!»

Преданным нечего было возразить на это, и они молчали повесив головы. Лодка приближалась к берегу, когда хозяин внезапно воскликнул: «А почему бы нам не отправиться в Ниндакару[11]? Там мы сможем выгодно продать наш улов. В Параякадаву цены очень низкие». Согласившись, работники направили лодку в Ниндакару. Они почти достигли цели, когда внезапно налетел шторм. В мгновение ока поднялись огромные волны, которые стали биться о деревянный корпус. Гигантские волны яростно швыряли лодку, полную рыбы, сетей и людей. Все попытки рыбаков управлять судном были тщетными. Лодка стала тонуть. В следующее мгновение огромная волна подхватила ее и бросила на скалы, разбив на куски. Дневной улов был потерян, одна из лучших лодок гордого богача уничтожена, а его рыболовные сети, разорванные, лежали на камнях. Только жизни рыбаков были спасены. С большим трудом им удалось выбраться на берег.

Совершенно неожиданное бедствие обрушилось на высокомерного хозяина лодки. Теперь настал его черед идти по берегу с понурой головой. Сокрушенный, он повалился на песок, не в силах перенести эту огромную потерю. Работники, почитавшие Судхамани, стали перешептываться друг с другом: «Вот видите, к чему приводит гнев Божий! Только он посмеялся над малышкой и похвалился своим богатством, и вот что случилось!» Один из работников-преданных заметил:

---

[11] Город в Керале, известный своими рыбными рынками.

«Перед тем, как выйти в море из Параякадаву, он сказал, что малышка – истеричка, и даже похвалялся, что даст две тысячи рупий, чтобы выдать ее замуж. Посмотрим теперь, где он займет эти деньги!» В общей сложности в тот день богач потерял семьдесят пять тысяч рупий. Рабочие вернулись домой на автобусе, и новость о происшествии облетела всю округу.

В те дни Судхамани иногда вдруг становилась озорной, как трехлетний ребенок, и затевала шалости, играя с преданными, которые приходили на Кришна-бхаву. После завершения *даршана* она незаметно подкрадывалась к спящим преданным. Иногда она привязывала конец сари одной женщины к волосам другой. Иногда – высыпала горстку песка на людей, спавших с открытым ртом. Харшан, хромой старший кузен Судхамани, глубоко уважал и любил ее. Если ему случалось где-нибудь заснуть после завершения *даршана*, Судхамани разыскивала его. Схватив его за ноги, она с хохотом начинала таскать его по земле. Для него самого это тоже было веселой шуткой, и все преданные смеялись, наблюдая по-детски непосредственные забавы Судхамани. Субхагану никогда не нравились подобные поступки сестры, и он ругал ее за эксцентричное поведение. Не имея ни малейшего представления о духовности, как он мог понять возвышенное состояние Судхамани?

Объясняя свое странное поведение, Судхамани сказала: «Мой ум всегда устремляется ввысь, чтобы слиться с Абсолютом. Я всегда стараюсь низвести его вниз – только так я могу служить страждущим и общаться с преданными. Именно поэтому я играю в такие игры: чтобы удерживать ум вовлеченным в мир преданных, несмотря на отсутствие привязанности».

Глава шестая

Как ребенок Божественной Матери

Когда благородные устремления ясно проявились в моем уме, Божественная Мать сияющими нежными руками погладила мою голову. Преклонив голову, я сказала Матери, что моя жизнь посвящается Ей.

Мата Амританандамайи

О Дэви, воистину, Ты – Шива, одна только Ты – гуру, одна только Ты – высшая энергия, одна только Ты – мать, одна только Ты – отец. Для меня знание, родственники, хлеб насущный – всё это Ты.

Дэви-бхуджангам, 13

Преданность

Уникальное очарование и красота *бхакти* (преданности) неописуемы. Искреннее желание истинного преданного состоит в том, чтобы оставаться преданным всегда. Он не хочет ни попасть в рай, ни обрести освобождение. Для него преданность – жизнь, и Господь для него – всё. Преданный испытывает наивысшую радость, исполняя песнопения, славящие Господа. Именно поэтому в Писаниях *бхакти*[1] утверждается:

Одна только преданность – плод преданности.
Сущность этой Божественной любви –
Бессмертное блаженство.

Даже великий святой Шука, всецело утвердившийся в высшем Сознании, испытывал несказанный восторг, воспевая Господа. Таково блаженство, обретаемое благодаря чистой преданности.

Всецело утвердившись в сознании Кришны, Судхамани по-прежнему жаждала наслаждаться блаженством *парабхакти* (высшей преданности). Однако полное отождествление с Господом Кришной не позволяло ей ни медитировать на Его образ, ни погружаться в мысли о Нем. Таким образом,

---

[1] Священные Писания, основанные на принципах преданности, такие как *Нарада-бхакти-сутры*.

она перестала обращать молитвы к Кришне, и ее *Кришна-садхана* подошла к концу.

Затем Судхамани было видение, которое резко изменило характер проявления ею Божественного и ее служения миру. Это неожиданное видение послужило толчком для начала *Дэви-садханы* – пламенного устремления Судхамани к осознанию Божественного как Матери Вселенной. Как-то Судхамани сидела дома одна; хотя ее глаза были открыты, ее ум был обращен внутрь и погружен в высшую Сущность. Внезапно прямо перед ней возник сверкающий световой шар, красноватый, как заходящее солнце, и нежный, как луна. Этот световой шар не покоился на земле и не висел в воздухе. Он вращался. На фоне этого лучезарного и несущего утешительную прохладу светового диска появился чарующий образ Дэви (Божественной Матери), на голове которой красовалась корона. Затрепетав от этого пленительного видения, Судхамани воскликнула: «О Кришна, Мать пришла! Пожалуйста, перенеси меня к Ней, я хочу обнять Ее!» В тот же миг Судхамани почувствовала, что Кришна уносит ее ввысь. Они поднялись выше облаков, и ее взору открылись удивительные картины: высокие холмы, обширные дремучие леса, синие змеи и страшные пещеры. Но Судхамани нигде не могла найти Дэви. Как маленький ребенок, Судхамани стала восклицать: «Я хочу увидеть Мать! Где моя Мать?» – и заплакала.

Дивное видение великой Чародейки скрылось от взора Судхамани, но осталось в ее сердце навсегда. Еще долгое время она пребывала в экстатическом состоянии. С тех пор ею овладело желание вновь узреть милостивую улыбку и сострадательный лик Божественной Матери. Судхамани, бесчисленное количество раз созерцавшая Божественный образ Шри Кришны, была зачарована несказанным сиянием Дэви. Ее сердце рвалось к Дэви, и теперь она желала лишь одного: обнять Божественную Мать, сесть к Матери на колени и поцеловать Ее в щеку.

Так Судхамани, которая никогда раньше не медитировала ни на какой образ, кроме Шри Кришны, и твердо верила, что нет божества выше Шри Кришны, теперь посвятила всю себя осознанию Божественного как Вселенской Матери. Всё время, кроме Кришна-бхавы, она проводила в глубоком созерцании лучезарного образа Божественной Матери. В ее сердце горело неугасимое пламя тоски по Ней. Ранее необходимость выполнять домашние обязанности заставляла Судхамани заниматься мирской деятельностью, но теперь эти оковы спали и она совсем утратила связь с грубым планом существования. Ей стало трудно даже в минимальной степени заботиться о теле. Месяцами она жила только на воде и листьях туласи.

Иногда, выходя из глубокой медитации, Судхамани восклицала: «Мать! Мать! Куда же Ты ушла? Неужели Ты явилась в тот день лишь для того, чтобы покинуть меня? Пожалуйста, сжалься над Своим ребенком и вновь яви Свой дивный образ! О Мать, если я этого достойна, сделай меня единой с Тобой. Я не могу вынести этой муки разделенности! О Мать Вселенной, почему Ты безразлична к зову этого безутешного ребенка? Пожалуйста, обними меня и посади меня к Себе на колени!»

Каннунир конду

Я омою Твои стопы слезами.
О Катьяяни [2], не покинь меня!
Сколько дней мне ждать, о Мать моя,
Видения Твоего образа?

Хоть Ты медлишь дать мне желанное,
Твоей *майей* мой ум очарован.

---

[2] Одно из имен Божественной Матери.

Позволишь ли Ты поднести
Цветок красный к Твоим стопам?

Я бреду по этой безлюдной тропе,
Лелея надежду найти Тебя.
Скажи, есть ли тень сострадания
В Твоем каменном сердце,
О Возлюбленная Шивы?

Подобно тому, как в конце Кришна-садханы Судхамани ощущала повсюду присутствие Кришны, теперь она ощущала повсюду Божественное присутствие Дэви. Даже бриз был дыханием Дэви. Судхамани беседовала с растениями, деревьями, птицами и животными. Она чувствовала, что земля – ее Мать, и каталась по песку, взывая: «Мать! Мать! Где Ты? Где Тебя нет?»

Однажды, когда Судхамани вышла из алтарной комнаты после завершения медитации, ею внезапно овладело чувство, что она – маленький ребенок, а природа – это Божественная Мать. В этом состоянии она, как младенец, подползла на четвереньках к основанию кокосового дерева. Сев там и залившись слезами, она стала взывать: «Мать... Мать моя... Почему Ты ускользаешь от моего взора? Я знаю, что Ты прячешься в этом дереве. Ты в этих растениях, Ты живешь в этих зверях и птицах! Земля – не что иное, как Ты. О Мать, как искусно Ты скрываешься в океанских волнах и прохладном бризе! О Мать, моя неуловимая Мать!...» В следующее мгновение она обхватила кокосовое дерево, чувствуя, что это Божественная Мать.

Иногда Судхамани ложилась, но не для отдыха, ибо у нее не было никакой тяги к чувственным удовольствиям. Лежа на голой земле, она неотрывно вглядывалась в беспредельное небо, серебристые облака, сияющее солнце, мерцающие звезды и нежную луну. Когда над ее головой собирались темные грозовые тучи, Судхамани больше не видела в них Шри

Кришну, а представляла ниспадающие волнами длинные вьющиеся волосы Божественной Матери. Каждый объект в беспредельном небе был знаком присутствия Дэви. Лежа под открытым небом, Судхамани никогда не спала, а пребывала в состоянии слезной мольбы, обращенной к Матери Вселенной.

Вспоминая о тех днях, Судхамани впоследствии скажет: «Когда я шла, я с каждым шагом повторяла Божественное имя. Я делала каждый шаг только после повторения *мантры*. Если я забывала повторить *мантру* с очередным шагом, я тут же делала шаг назад. Отступив на шаг назад, я повторяла *мантру*. Только после этого я шла дальше. Если мне приходилось заниматься какой-либо внешней деятельностью, я заранее решала повторить *мантру* определенное количество раз до окончания работы. Совершая омовение в реке, перед погружением в воду я решала повторить *мантру* определенное количество раз, прежде чем вынырнуть на поверхность. У меня никогда не было никакого гуру, никто никогда не давал мне посвящения или какой-либо особой *мантры*. Я обычно повторяла *мантру* “Амма, Амма[3]”».

В Священных Писаниях говорится: «В состоянии высшей преданности деятельность естественным образом идет на убыль». Это отчетливо видно в случае с Судхамани. Утром она начинала чистить зубы, но в следующее мгновение ее ум растворялся в единственной мысли о Божественной Матери. Это состояние однонаправленного сосредоточения углублялось и продолжалось часами. Все ее попытки принять ванну были, как правило, безуспешными. Войдя в ванную комнату, она понимала, что забыла взять полотенце. Принеся полотенце, она замечала, что пришла без мыла. Тогда она в отчаянии восклицала: «О Мать, сколько времени тратится впустую на одну лишь попытку принять ванну! Пусть вместо этого мой ум будет сосредоточен на Тебе! Стоит мне хоть

---

[3] «Амма» в переводе означает «мать».

на миг забыть Тебя, как я ощущаю в сердце мучительную боль...» Отказавшись от всякой мысли о мытье, она садилась в ванной комнате и погружалась в *самадхи*. Проходили часы, прежде чем кто-то обнаруживал ее там в глубокой медитации. Ведро воды, вылитое ей на голову для приведения в чувство, в конце концов, заменяло ей ванну. Если она не реагировала, ее сильно трясли или просто относили в дом.

На побережье не было надлежащим образом обустроенных туалетов. Каждое семейство сооружало небольшой помост над заводью, обнося каркас переплетенными пальмовыми листьями. Поскольку там не было пола, для отправления естественных надобностей приходилось балансировать на доске. Судхамани много раз падала в заводь, утратив всякое осознание внешнего мира.

Судхамани проводила долгие часы в медитации на Божественную Мать. Перед началом медитации она мысленно принимала решение: «Мне следует просидеть столько-то времени». Затем она приказывала телу: «Сиди здесь, тело!» Она говорила Дэви: «Не прибегай к Своим уловкам. Оставь их при Себе. Если Ты не позволишь мне сидеть и медитировать, я не отпущу Тебя!» Если возникал какой-то внешний раздражитель, мешавший ее сосредоточению, она кусала Дэви и таскала Ее за волосы, пока не понимала, что кусает собственное тело и вырывает собственные волосы.

Однажды Судхамани не удалось просидеть в медитации установленное количество времени, поскольку она почувствовала, что кто-то неистово трясет ее тело, и это ощущение нарушило ее сосредоточение. Подумав: «Это Ее уловка! Почему Она не позволяет мне сидеть?» – она внезапно открыла глаза, выбежала из алтарной комнаты и вскоре вернулась с деревянным пестиком, которым собиралась пригрозить Дэви. Подняв пестик, Судхамани закричала: «Сегодня я буду...» В следующее мгновение она осознала бессмысленность своих действий: «Что?! Бить Дэви? Правильно ли это?

Возможно ли это?» Она выронила пестик и возобновила медитацию.

Постоянно памятуя о Божественной Матери, Судхамани не тратила впустую ни секунды. Если кто-то начинал с ней беседовать, она представляла, что этот человек – Дэви. Человек продолжал говорить до тех пор, пока не замечал, что Судхамани загадочным образом перенеслась в другой мир. Если она осознавала, что прожила хотя бы мгновение, не памятуя о Дэви, она страшно огорчалась и исповедовалась Божественной Матери: «О Мать, сколько времени было потрачено впустую!» Чтобы наверстать упущенное время, она увеличивала продолжительность медитации в тот день. Если ей случалось пропустить медитацию, она всю ночь ходила взад и вперед, повторяя *мантру* и искренне молясь: «О Мать, какой смысл в этой жизни, если я не способна медитировать на Тебя? Если Тебя не будет, останется лишь *майя*[4], жаждущая поглотить меня. О Мать, пожалуйста, дай мне силу! Явись мне! Раствори меня в Твоей вечной Сущности!»

Судхамани больше всего любила медитировать у океана в ночные часы. Грохот волн звучал для нее, как священный слог «Ом». Темно-синяя небесная ширь, искрящаяся бесчисленными звездами, отражала безграничную божественность Матери. Там, на берегу океана, ум Судхамани в одно мгновение обращался внутрь, самопроизвольно утверждаясь в высшей Сущности.

Если в такие ночи Сугунанандан начинал искать дочь, он приходил в большое волнение, не найдя ее в доме или во дворе. В конечном счете, поиски приводили отца к морю, где он находил свою дочь погруженной в глубокую медитацию, сидящей подобно незыблемой скале. Некоторые из деревенских жителей, неправильно понимавшие цель ночных

---

[4] Способность мира уводить ум от истинной Сущности и увлекать его по направлению к объектам чувственного восприятия.

походов Судхамани на берег, начали распространять о ней недобрые слухи. Когда эти слухи достигли Сугунанандана, он строго-настрого запретил дочери ходить ночью к морю.

Эти случаи, характерные для ранней стадии Дэви-садханы Судхамани, только сильнее убедили семью в ее безумии. Ее возвышенные состояния чистой преданности были не доступны пониманию обычного человека. Иногда Судхамани рыдала, подобно маленькому ребенку, взывая к невидимому Существу; иногда она хлопала в ладоши и громко смеялась, а затем каталась по земле или пыталась поцеловать водную рябь, выкрикивая: «Мать! Мать!» Не приходится удивляться тому, что девушку считали сумасшедшей. Даже преданные, посещавшие Судхамани во время Кришна-бхавы, оказались не способны постичь ее пламенное устремление к обретению единства с Божественной Матерью.

По иронии судьбы, хотя родственники Судхамани считали ее сумасшедшей, они никогда не пытались раскрыть причину ее «безумия» или найти способ исцеления. Вместо этого они упорно продолжали насмехаться над ней и мучить ее, особенно старший брат, Субхаган. В конце концов, их обращение стало столь бесчеловечным, что Судхамани решила расстаться с жизнью, бросившись в океан. Она воззвала к Божественной Матери: «Неужели я столь нечестива? Почему члены семьи так жестоки со мной? Люди любят только тех, кто мил. Я не вижу чистой любви нигде в этом мире. О дорогая Мать, я чувствую, что всё – иллюзия. О Мать, разве Ты не Защитница Своих преданных? Разве я не Твой ребенок? Неужели и Ты покинула меня? Если так, зачем мне поддерживать это тело? Оно – бремя и для меня, и для других. Прими своего ребенка, о Мать-море!» Исполненная решимости, Судхамани побежала к океану, но только она собралась броситься в воду, как увидела, что необъятное море – это Сама Дэви. Не в состоянии удержать ум на физическом плане бытия, Судхамани погрузилась в *самадхи* и упала на песок, утратив осознание внешнего мира.

Когда Судхамани выбегала из Идаманнеля, ее прощальную молитву случайно услышал ее кузен и преданный, Харшан. Поняв ее намерение, он бросился за ней следом. Он нашел ее в бессознательном состоянии у воды и почтительно отнес обратно в Идаманнель, благодаря Бога за то, что она жива.

Многие деревенские жители сочувствовали Судхамани, хотя некоторые из них тоже считали ее сумасшедшей. Они говорили друг другу: «В каком она отчаянном положении! Бедняжка! Никто не заботится о ней; даже родители отвергли ее. Когда она была здоровой и нормальной, она день и ночь батрачила на них, но теперь они не желают палец о палец ударить ради нее. Разве она не их дочь?»

Некоторые из соседских женщин сжалились над Судхамани и стали с любовью служить ей. Эти женщины глубоко восхищались ею еще тогда, когда она была ребенком. Став теперь преданными и посещая Кришна-бхаву, они распознали духовное величие и всеобъемлющую любовь Судхамани. Они смутно понимали ее возвышенные духовные состояния. Всякий раз, когда у них была возможность, они помогали ей и спасали ее от опасности.

Челламма и ее дочь, Ватсала, жили на участке земли, расположенном перед Идаманнелем. Ватсала считала Судхамани близкой подругой и безгранично любила ее. Живя столь близко к Идаманнелю, они с матерью часто замечали, как Судхамани в бессознательном состоянии падает в заводь. Они тут же вытаскивали ее из воды, вытирали насухо и одевали в чистую одежду.

Пушпавати и ее муж, Бхаскаран, были горячо преданы Судхамани. Пушпавати любила ее, как родную дочь, и ей тяжело было видеть, как семья мучает ее. Две сестры, Рема и Рати, которые также жили возле Идаманнеля, души не

119

чаяли в Судхамани. К ней очень тепло относилась еще одна верная подруга – Айша, ее кузина. Этим женщинам выпала благословенная возможность служить Судхамани в дни ее суровой аскезы. Часто, когда Судхамани утрачивала всякое восприятие внешнего мира, эти женщины обнаруживали, что она лежит в грязной воде или грязном месте. Если им не удавалось привести ее в чувство, они относили ее на руках к себе в дом. Они чистили ей зубы, мыли ее теплой водой, одевали в чистую одежду и кормили из собственных рук, как маленького ребенка.

Как и прежде, Субхаган был враждебно настроен по отношению к Судхамани и проявлениям ее Божественного состояния сознания. Он несколько раз требовал, чтобы она прекратила Кришна-бхаву, так как по-прежнему считал, что она позорит семью и пятнает ее репутацию. Поскольку его требования игнорировались, он решил действовать более решительно.

Однажды, когда Судхамани собиралась войти в дом после *бхава-даршана*, она обнаружила, что в дверях с угрожающим видом стоит Субхаган и преграждает ей путь. «Не смей входить в этот дом! Тебе будет разрешено войти внутрь только после того, как ты прекратишь эти позорные пляски и пение!» – рявкнул он. Восприняв его слова, как Божественное повеление, Судхамани безропотно отошла от дома и села во дворе. Но Субхаган прикрикнул на нее, запретив сидеть и там. В ответ Судхамани взяла горсть песка и протянула ее Субхагану со словами: «Если это твое, пожалуйста, пересчитай эти песчинки!»

С тех пор она стала жить на улице. Но она была этому даже рада: небо стало ее крышей, земля – ложем, луна – лампадой, а морской бриз – опахалом. Эти суровые условия лишь усилили ее самоотречение и решимость познать Божественную Мать. Воздевая руки к небу и проливая реки слез, как маленький ребенок, взывающий к матери, Судхамани восклицала: «Мать! Мать! Неужели Ты покинула меня, оставив здесь умирать от тоски в ожидании Твоего явления? Проходят дни, а я, не видя Твоего чарующего образа, так и не обрела душевного покоя. На Тебя вся моя надежда. Неужели и Ты покинешь меня? Разве Ты не видишь, в каком я отчаянном положении?» В течение этого периода Судхамани написала следующие песни:

Бхакта валсале Дэви

О Дэви, Амбика[5], прекрасная Богиня,
Что возлюбила преданных Своих,
Явись, чтоб положить конец
Нашим страданиям...

Ты – всё, Ты властна утолить мои печали,
Первопричина всех и вся...

Властительница всех существ,
И мир ты, и его хранительница...

Я с верою и преданностью воздаю Тебе хвалу,
Вселенская Богиня, я узреть Тебя желаю...

Уж сколько дней узреть Тебя желаю...
Я воздаю Тебе хвалу, не упуская ни мгновения...

Ужель я совершила какую-то ошибку,
Иль ты не хочешь меня избавить от страданий?

А может быть, Тебе угодно,
Чтоб внутреннее «Я» мое дотла сгорело?
Я в смятении; я ничего не знаю...

Ужель лелеемая в сердце истина, что дети все равны
В Твоих глазах, окажется неправдой?

---

5 Одно из имен Божественной Матери.

Чтоб утолить мои печали,
Я попрошу нектара милости Твоей,
Струящегося из Твоих святых очей...

Я припаду к Твоим стопам, чтобы узреть
Твой милостивый лик и попросить
Об исполнении предназначения жизни...

Ору тулли снехам

О Мать, пролей хоть капельку любви
На сердце иссушенное мое,
Чтобы ко мне вернулась радость жизни!
Зачем огнем Ты удобряешь опаленный сей цветок?

Сколько горячих слез я поднесла Тебе,
Рыдая безутешно?
Иль Ты не слышишь бешеного стука сердца
И вздохов сдавленных, с которыми выходит боль?

Останови огонь, чтоб не вступил
В сандаловый он лес в безумной пляске.
Не дай раздуться пламени страдания,
Всепоглощающую силу обрести...

О Дэви, повторяя: «Дурга, Дурга[6]», –
Мой ум забыл другие все пути.
Не нужно ни небес мне, ни освобожденья.
Лишь преданность Тебе, о моя Дурга...

Тапас[7] Судхамани стал столь сильным, что ее тело было объято жаром, будто она стояла на горящих углях. Жар был столь невыносимым, что она едва могла носить одежду. Ища облегчения от ощущения жжения, она каталась в илистом

---

[6] Одно из имен Божественной Матери.
[7] Букв. «жар». Аскеза; духовная практика, в результате которой сжигается грязь, покрывающая ум.

песке заводи. Иногда она часами стояла в глубокой медитации, погрузившись в заводь.

Искренние преданные Судхамани приглашали ее в свои дома во время особых обрядов поклонения Богу. Они полагали, что ее присутствие наделит всех собравшихся духовным великолепием и силой. Такие семьи обычно приезжали в Идаманнель, чтобы отвезти Судхамани в свой дом на автобусе. Стоя на остановке в ожидании автобуса, Судхамани иногда погружалась в состояние упоения Богом. Теряя осознание внешнего мира, она каталась по земле и заливалась блаженным смехом. Окружающие, конечно, не могли понять ее состояния и изумленно глазели на нее. Некоторые высмеивали и бранили ее, называя сумасшедшей. Дети стояли вокруг и дразнили ее, но Судхамани не обращала на это внимания. Какие колкие слова могли достичь того мира, в котором она пребывала? Какие издевки могли нарушить состояние упоения Божественным блаженством этой невинной девушки?

Невыносимо страдая от разлуки с Божественной Матерью, Судхамани иногда рыдала и громко кричала. В таких случаях маленькие дети собирались вокруг нее и умоляли: «Старшая сестра, не плачь! Тебя мучает головная боль?» В конечном счете, они тоже поняли, что она плачет от тоски по Дэви. Когда Судхамани охватывали такие безудержные порывы, одна из ее младших сестер вставала перед ней, в сари и с распущенными волосами, и принимала позу Дэви. С великой радостью Судхамани бежала обнять ее. Если, пребывая в подобном состоянии, Судхамани замечала какую-нибудь красивую девушку, она, зачарованная, бежала к ней. Обнимая и целуя ее, она лицезрела одну Дэви.

Видя крайнее пренебрежение дочери к телу и сжалившись над ней, Сугунанандан несколько раз пытался соорудить укрытие, чтобы защитить ее от дождя и солнца. Когда она лежала или сидела, погрузившись в медитацию, ее родители использовали эту возможность, чтобы устроить над ней навес. Придя в обычное состояние сознания и увидев, что они делают, она передвигалась в другое место, говоря: «Это тоже станет причиной горя. Сколько дней вы сможете это хранить? Если вы куда-нибудь уйдете, кто будет это поддерживать? Позвольте мне, не затрагиваемой ничем, переносить жару, холод и дождь и, таким образом, превзойти их».

В те дни острой тоски по Божественной Матери Судхамани вела себя, как двухлетний ребенок, – ребенок Божественной Матери. Ее погружение в состояние ребенка было настолько глубоким, что многие ее действия могут быть поняты лишь в свете этого факта. Выйдя однажды из медитации, Судхамани почувствовала сильный голод и жажду. Как раз в этот момент она увидела, что соседка, Пушпавати, кормит грудью своего младенца. Судхамани тут же подошла к ней, отложила в сторону сосавшего грудь младенца и забралась к женщине на колени в ожидании кормления. Пушпавати не испытала никакой неловкости из-за неожиданного поступка Судхамани, напротив, ее переполнили материнские чувства к ней. Подобное случалось еще несколько раз, пока Пушпавати не поняла, что безопаснее кормить младенца вне поля зрения невинной Судхамани.

Однажды Судхамани лежала в бессознательном состоянии в илистом песке около заводи. Ее обнаружили там несколько преданных, которые пришли в ужас, увидев, что ее ноздри, глаза, уши и волосы полны грязи и песка. Непрерывный поток слез оставил на ее темно-синих щеках отчетливые полосы. Преданные сообщили Сугунанандану о ее жалком состоянии, но он не обратил на их слова никакого внимания. Ошеломленные его безразличием, они отнесли Судхамани в дом, но не смогли привести ее в чувство. Они очистили от грязи ее тело, без всякого умысла положили ее на кровать старшего брата и оставили там отдыхать.

Вернувшись домой и обнаружив Судхамани на своей постели, Субхаган пришел в бешенство и начал неистово трясти кровать. Словно безумный, он возопил: «Кто положил эту дрянь на мою кровать? Кто положил эту дрянь на мою кровать?» Кровать разломилась на несколько частей, но Судхамани осталась лежать посреди обломков, не сознавая внешнего мира. Позже, узнав о случившемся и своем столкновении с опасностью, она сказала лишь: «На всё воля Божья». На следующем же *даршане,* ко всеобщему изумлению, один преданный-плотник, который понятия не имел о произошедшем накануне инциденте, преподнес в подарок Судхамани кровать, стол и стулья. Когда его спросили, почему он это сделал, он ответил, что во сне ему явился Кришна и велел принести все эти вещи.

Глава седьмая

Гораздо лучше, чем человек

Люди – не единственные существа, наделенные даром речи. Звери, птицы и растения также наделены им, но мы не способны понимать их. Зрящий высшую Сущность знает всё это.

Мата Амританандамайи

Поскольку такой человек утвердился в ненасилии, те, кто приближаются к нему, перестают быть враждебными.

Йога-сутры Патанджали, 2.35

Втот период, когда Судхамани жила на улице, все животные: собаки, кошки, коровы, козы, змеи, бурундуки, голуби, попугаи и орлы – тянулись к ней, и многие стали ее близкими друзьями. Эта стадия ее *садханы* показывает силу не запятнанной пристрастием и отвращением любви, способной утверждать гармонию среди животных, являющихся естественными врагами. Когда родственники Судхамани отреклись от нее и испытывали крайнее неприятие по отношению к ее духовной жизни, животные поддерживали ее и выполняли преданное служение. Судя по их поведению, они понимали Судхамани гораздо лучше, чем люди.

В те дни Судхамани не могла вкушать пищу из своего дома, поскольку была чрезвычайно чувствительна к еде, приготовленной мирянами. Она могла вкушать лишь пищу, во время приготовления которой повторялись *мантры*. Однажды, выйдя из храма после медитации, она ощутила сильный голод и жажду. Перед храмом стояла корова, принадлежавшая ее семье, и Судхамани сразу почувствовала, что это дар Божий. Она принялась пить молоко прямо из вымени, как теленок, причем корова держала ноги так, чтобы девушке было удобно. С тех пор эта корова стала каждый день приходить к храму и лежать там до тех пор, пока Судхамани не выходила из медитации. Корова отказывалась пастись или кормить собственного теленка, пока не покормит Судхамани. Сугунанандан несколько раз пытался заставить корову уйти с того места перед храмом, где она ждала Судхамани. Он тянул корову за хвост и выливал на нее ведра воды, но ему не удавалось сдвинуть ее с места.

Иногда молоко для Судхамани посылал кто-то из жителей деревни. Однако это молоко не было чистым – оно было смешано с водой. Когда девушка пила его, ее рвало, и человек, пославший разбавленное молоко, был обречен страдать за свой поступок. Поэтому Судхамани решила есть и пить только то, что посылает Бог.

Приблизительно в этот же период произошел еще один необычный случай. В деревне Пандаратурутту, где жила бабушка Судхамани, примерно в шести километрах к югу от Идаманнеля, дядя Судхамани, Ратнадасан, как обычно, отвязывал в коровнике коров, чтобы вывести их во двор для кормления и мытья. Внезапно одна из коров метнулась в сторону и побежала трусцой к океану, где круто свернула на север и понеслась вдоль по берегу, в то время как Ратнадасан пытался догнать ее. В конце концов корова свернула в деревню Судхамани и побежала прямо по направлению к Идаманнелю, где прежде никогда не была. Направившись сразу к тому месту, где в медитации сидела Судхамани, корова подошла к ней и стала мягко тыкаться в нее носом и облизывать ее, словно пытаясь выразить любовь к старому другу. Поскольку Судхамани не выходила из состояния внутреннего сосредоточения, корова улеглась поблизости и стала пристально смотреть на нее, будто ожидая, когда она завершит медитацию. Через какое-то время Судхамани открыла глаза и, заметив смутно знакомую корову, подошла к ней. В этот момент корова подняла заднюю ногу, приглашая ее выпить молока. На глазах у изумленного дяди Судхамани стала пить прямо из вымени. Не веря своим глазам, дядя лишь покачал головой.

Какая тайная сила вдохновила корову посетить Судхамани? Хотя много лет назад она ухаживала за этой коровой во время краткого пребывания в доме бабушки, разве это объясняет необычное поведение животного?

Когда Судхамани медитировала на улице, к ней иногда приползали змеи и обвивались вокруг ее тела, словно пытаясь обратить ее сознание к внешнему миру. Однажды, после жестоких нападок со стороны семьи, Судхамани побрела прочь от Идаманнеля. На пути ей встретилась соседка, которая утешила ее и привела к себе домой, где девушка могла побыть в покое. Судхамани тут же вошла в алтарную комнату и начала изливать сердце Божественной Матери. Именно тогда она сочинила следующую песню:

Манаса вача

В своем уме, поступках, речи –
Я памятую о Тебе всегда.
Так почему ж послать ты медлишь
Мне милость, дорогая Мать?

Идут года – покоя ум не знает.
Молю, о Мать, пошли мне утешенье...

Мой ум, как лодка в бурном море,
Раскачивается на волнах.
Даруй мне чуточку покоя,
Чтобы я не сошла с ума...

Смертельно я устала от страданий.
Я жизни не хочу такой.
Невыносимо тяжки испытанья,
О Мать, что посылаются Тобой!

Я в мире одинокая скиталица.
Одна лишь Ты есть у меня, о Мать.
Молю Тебя: довольно испытаний!
Дай руку мне и вытащи меня...

Внезапно настроение Судхамани изменилось, и она упала в порыве Божественного безумия. Рыдая и катаясь по земле, она стала рвать на себе одежду. В следующий момент она разразилась смехом, продолжая кататься. Семья наблюдала за ней с изумлением и испугом, не имея ни малейшего представления о том, как ее успокоить. В этот момент в дверях появилась большая змея, которая заползла прямо на тело Судхамани. На глазах застывшей в ужасе семьи змея начала лизать лицо находившейся без сознания девушки, касаясь его своим проворным язычком. Это продолжалось в течение нескольких минут и сразу же оказало на Судхамани успокаивающее воздействие. Когда она стала постепенно приходить в обычное состояние сознания, змея сползла с ее тела и исчезла. Присутствующим показалось, что змея точно знала, как вернуть Судхамани сознание внешнего мира, и искусно предприняла необходимые для этого меры.

Любой посетитель Идаманнеля вскоре замечает, что там обитают многие виды птиц. Судхамани особенно любила попугаев, поскольку они были дороги Божественной Матери. Иногда, когда она молилась: «О Мать, пожалуйста, приди!» – к ней подлетала стая попугаев и садилась на землю поблизости. Как-то один из преданных подарил Судхамани попугая. Она никогда не сажала его в клетку, и он постоянно играл рядом с ней. Однажды Судхамани размышляла: «Как ужасен и жесток этот мир! Нигде нет ни капли истины и праведности. Люди лицемерны, и мир полон грешников. Кажется, нет никого, способного указать человечеству правильный путь». По ее щекам покатились слезы, и она надолго погрузилась во внутреннее сосредоточение. В какой-то момент Судхамани заметила, что ее попугай стоит перед ней и тоже плачет, будто страдая от боли. Муки, испытываемые Судхамани, тронули даже птицу.

Помимо попугая, Судхамани составляли компанию два голубя. Всякий раз, когда она пела, обращаясь к Божественной Матери, эти три птицы прыгали перед ней, радостно танцуя и расправляя крылья.

Однажды с большого дерева, росшего на участке семьи Идаманнель, на землю упало орлиное гнездо и из него вывалились два птенца, ошалевшие и беспомощные. Несколько маленьких хулиганов стали бросать в них камни, пытаясь убить их, но Судхамани проворно спасла птичек. Она заботливо выкармливала их в течение нескольких недель, пока они достаточно не окрепли, чтобы летать; после этого она отпустила их на свободу. Эти два Гаруды[1] всегда возвращались в начале каждой Кришна-бхавы и подолгу сидели на крыше храма, привлекая внимание преданных. Таинственная связь, которую эти две птицы поддерживали с Судхамани, не только добавляла великолепия *даршану*, но и увеличивала веру преданных в ее Божественную природу.

Всякий раз, когда в период Дэви-садханы Судхамани теряла сознание, рыдая от тоски по Божественной Матери, откуда ни возьмись прилетали эти две птицы и садились рядом с ней, словно для того, чтобы защищать ее. Некоторые из соседок с изумлением наблюдали, как орлы, глядя на страдальческое лицо Судхамани, тоже плачут вместе с ней.

Однажды, вскоре после медитации, Судхамани ощутила сильный голод. Один из двух Гаруд немедленно полетел к океану и вернулся через несколько минут с рыбой в клюве. Орел положил рыбу на колени Судхамани, которая с благодарностью приняла ее и съела сырой. С тех пор как Дамаянти узнала об этом, она стала ждать прибытия Гаруды с его ежедневным подношением. Как только птица бросала рыбу, Дамаянти кидалась за ней, чтобы приготовить ее для дочери на огне. В течение периода *садханы*, когда Судхамани стремилась познать Кришну, она перестала есть рыбу, поскольку даже рыбный запах вызывал у нее тошноту. Но теперь приносимая Гарудой рыба была пищей, посылаемой Богом, и

---

[1] Орла в Индии называют «Гаруда». Гаруда – средство передвижения Господа Вишну.

поэтому она с радостью ела ее. Эта ежедневная практика Гаруды продолжалась в течение некоторого времени.

Еще одним животным, словно настроенным на одну волну с Судхамани, был кот. Во время *бхава-даршанов* этот кот появлялся в храме и ходил вокруг Судхамани, как будто выполняя *прадакшину*[2]. После этого он в течение долгого времени сидел возле нее с закрытыми глазами, и преданным казалось, что он медитирует. Однажды кто-то попытался избавиться от этого кота, переправив его на другой берег заводи, но на следующий день он вернулся к Судхамани.

Необыкновенно предан Судхамани был и один удивительный черно-белый пес. Когда Судхамани, взывая к Дэви, рыдала столь сильно, что теряла сознание и падала на землю, этот пес ласкался к ней и облизывал ее лицо, руки и ноги, чтобы привести ее в чувство. Когда псу казалось, что Судхамани собирается уйти за пределы территории Идаманнеля, он тянул ее за юбку и лаял в знак протеста, не желая ее отпускать. Часто пес приносил в зубах пакет с едой и клал его перед Судхамани, чтобы она поела. Что бы пес ни принес в качестве подношения, сам он не ел из этого ни крошки. Ночью пес спал около Судхамани, которая использовала его в качестве подушки, когда ложилась созерцать небо.

Однажды вечером Судхамани медитировала, сидя на берегу заводи. Она была погружена в *самадхи*, а ее тело было покрыто толстым слоем москитов. Сугунанандан позвал ее, но ответа не последовало. Когда он начал сильно трясти ее, он обнаружил, что она стала легкой, как хворостинка. Позже Сугунанандан рассказывал об этом так: «Ее тело выглядело безжизненным, но поскольку я находил ее в таком состоянии много раз, я не был встревожен». Когда он сел рядом с дочерью, к ним с отчаянным лаем подбежал черно-белый пес. Через несколько минут Судхамани открыла глаза и

---

[2] Обход священного объекта, который находится по правую руку.

вернулась в обычное состояние сознания. Казалось, животным лучше, чем людям, удавалось привлекать внимание Судхамани, когда она пребывала в другом мире.

Иногда горячая любовь пса заставляла Судхамани думать, что это Сама Божественная Мать. Забывая обо всем, она обнимала и целовала его, громко взывая: «Моя Мать, моя Мать...!»

Однажды, во время медитации, Судхамани ощутила сильное волнение. Она тут же встала и поспешила в деревню. Черно-белый пес попал в руки ловца собак; он выл и жалобно скулил, но вел себя совсем не агрессивно. Не в состоянии выбраться из аркана, он упирался лапами, а ловец изо всех сил пытался тащить его за собой. Некоторые из деревенских девушек, которые были подругами и почитательницами Судхамани, узнали в этом псе ее верного компаньона и попросили ловца отпустить его. Они даже пообещали заплатить ему, если он позволит собаке уйти. В этот момент появилась Судхамани. Пес жалобно посмотрел на нее и заплакал! Это было чересчур для ловца собак – ему не оставалось ничего иного, как отпустить пса.

Еще одна местная собака горячо любила Судхамани. Однажды, во время беременности, эта собака пришла к храму и выжидающе застыла перед ним. Выйдя из храма после медитации, Судхамани обнаружила ее на веранде. Собака не вошла внутрь, но поставила передние лапы на край пола храма и завыла, словно от боли. Судхамани обняла и поцеловала ее, спрашивая: «Что случилось, дочь, что случилось?» После этого животное сошло с веранды храма, легло на песок и испустило последний вздох.

Всякий раз, когда кто-то простирался перед Судхамани, черно-белый пес вытягивал вперед передние лапы и склонял перед ней голову. Когда она танцевала в упоении Богом, собака прыгала вокруг нее, будто присоединяясь к ее экстатическому танцу. Когда в сумерки во время ежевечернего богослужения дули в священную морскую раковину, собака выла, умело подражая звуку раковины.

Однажды у Судхамани возникло предчувствие, что ее друг – черно-белый пес – умрет, пораженный бешенством. Вскоре после этого, как она и предсказала, животное действительно заболело бешенством и умерло, правда, без особых страданий. Когда Судхамани спросили, опечалена ли она потерей верного товарища, она ответила: «Я вовсе не грущу по поводу его смерти. Хоть он и умер, он придет ко мне. Зачем же мне грустить?» Позже она сказала, что душа собаки обрела новое воплощение около Идаманнеля, но не раскрыла никаких подробностей.

Судхамани однажды поведала следующую историю про козу, которая сильно любила ее: «Из-за болезни вымени коза была не жилец на этом свете. Когда она умирала, я почувствовала ее агонию и села около нее, погрузившись в молитву и медитацию. Когда я открыла глаза, я увидела, что бедное животное ползет ко мне на коленях. Положив голову мне на колени, она спокойно умерла, неотрывно глядя мне в лицо. Ее любовь была поистине чистой».

Вспоминая все эти случаи несколько лет спустя, Судхамани поделилась такими мыслями: «Каким блаженством были наполнены те дни! Удивительно, но эти животные понимали мои чувства и действовали соответственно. Если я плакала, они тоже плакали вместе со мной. Если я пела, они танцевали передо мной. Когда я теряла осознание внешнего мира, они ползали по моему телу. В людях можно найти все черты различных животных. Когда человек избавляется от всех симпатий и антипатий и начинает относиться ко всему равным образом, даже враждебные животные становятся дружелюбными в его присутствии».

Глава восьмая

Сияющая подобно миллиону солнц

Улыбаясь, Она (Дэви) стала Божественным сиянием и слилась со мной. Мой ум расцвел, озаряемый многокрасочным светом божественности, и перед моим внутренним взором возникли события миллионов прошедших лет. Не воспринимая с тех пор ничего отделенным от моей собственной высшей Сущности, единого Целого, и растворяясь в Божественной Матери, я отреклась от всякого чувства наслаждения.

Мата Амританандамайи

О супруга Шивы! Не омоешь ли Ты милостиво и меня, беспомощно стоящую вдали, Твоим далеко проникающим взором, прекрасным, словно полураскрывшаяся голубая лилия? Тем самым Ты даруешь этой смертной величайшее в жизни благо, ничего при этом не потеряв. Прохладная луна одинаково излучает сияние как на лес, так и на дворец.

Саундарья-лахари, 57

Полностью предавшись Божественной Матери, Судхамани купалась в Океане бессмертной любви. Всё вокруг: вверху, внизу, справа и слева – было наполнено для нее Божественным присутствием Матери. Бриз был нежной лаской Матери. Деревья, кустарники и цветы – всё это была Дэви, а потому для Судхамани они были равно достойны поклонения. Когда девушка вглядывалась в небо, видя то, что нам неведомо, ее охватывали безудержные порывы плача и смеха, затихавшие лишь тогда, когда она падала без сознания на песок. Мольбы осиротевшего ребенка к исчезнувшей Матери отзывались эхом в воздухе Идаманнеля день и ночь. Находясь на этом уровне Реализации, воспринимая всю природу как Божественную Мать, Судхамани сочинила следующую песню:

Сриштиюм нийе

Творение и творец – это Ты,
Ты – энергия и истина,
О Богиня, о Богиня, о Богиня!

Творец космоса – это Ты,
Ты – начало и конец...
Сущность индивидуальной души – это Ты,
И Ты – пять первоэлементов...

В этот период Судхамани не спала и не ела, а заботились о ней главным образом уже знакомые нам животные. Она не общалась с другими людьми, если только они первыми не заговаривали с ней, и ее парящий в высоте ум игнорировал даже такую простую задачу, как чистка зубов. Когда она все-таки принимала пищу, она могла съесть выброшенную чайную заварку, осколки стекла и другие несъедобные вещи; она не замечала разницы между всем этим и самой вкусной пищей. Есть ли слова, способные описать то состояние, которое наш ум не в состоянии постичь?

Судхамани была более не в силах сдерживать раздиравшую ее существо мучительную боль, и к Божественной Матери беспрерывным потоком текли ее мольбы: «О Мать, мое сердце разрывается от боли разлуки! Почему Твое сердце не смягчится при виде этого бесконечного потока слез? О Мать, многие Великие Души, поклоняясь Тебе, смогли лицезреть Тебя и стали вечно едиными с Тобой. О дорогая Мать! Пожалуйста, открой врата Твоего сострадательного сердца для Твоей смиренной слуги! Я задыхаюсь подобно утопающему. Если Ты не желаешь явиться мне, то, молю, положи конец моей жизни. Пусть тот меч, которым Ты караешь жестоких и неправедных, обрушится и на мою голову. По крайней мере, благослови меня прикосновением Твоего меча! Какой смысл в поддержании этого бесполезного тела, которое является для меня тяжким бременем?»

Мучения Судхамани стали невыносимыми; у нее не осталось больше молитв. Она рассказывает об этом так:

«Все до единой поры моего тела были широко открыты, изнывая от томления, каждый атом моего тела излучал вибрацию священной *мантры*, всё мое существо в стремительном потоке рвалось к Божественной Матери...»

В неописуемой муке она кричала: «О Мать! Твой ребенок вот-вот умрет, утопая в бездонном страдании... Сердце разрывается... Руки и ноги дрожат... Я бьюсь в конвульсиях, словно выброшенная на берег рыба... О Мать! Ты не добра ко мне... Мне больше нечего преподнести Тебе, кроме последнего вздоха моей жизни...»

Ее голос стал прерываться. Дыхание полностью остановилось. Судхамани упала без сознания. Воля Матери определяет момент. Божественная Чаровница Вселенной, всеведущая, вездесущая и всемогущая Сущность, извечная, изначальная Создательница, Божественная Мать явилась Судхамани в живом образе, сияя подобно тысяче солнц. Сердце Судхамани захлестнула волна невыразимой любви и блаженства. Божественная Мать милостиво улыбнулась и, став чистым сиянием, слилась с Судхамани.

Это Божественное событие лучше всего описано в собственном сочинении Судхамани «Ананда витхи» («Путь блаженства»), в котором она попыталась сделать доступным для человеческого понимания тот мистический союз, что находится за пределами слов:

Ананда витхи

Однажды моя душа танцевала
В восторге на пути блаженства.
В то время все внутренние недруги, такие как
Симпатии и антипатии, убежали, скрывшись
В самых глухих уголках моего ума.

Забывая себя, я растворилась в золотом видении,
Возникшем внутри меня.
Когда благородные устремления
Ясно проявились в моем уме,
Божественная Мать сияющими нежными руками
Погладила мою голову. Преклонив голову,
Я сказала Матери, что моя жизнь посвящается Ей.

Улыбаясь, Она стала Божественным сиянием
И слилась со мной. Мой ум расцвел, озаряемый

Многокрасочным светом божественности,
И перед моим внутренним взором возникли
События миллионов прошедших лет.
Не воспринимая с тех пор ничего отделенным от
Моей собственной высшей Сущности, единого Целого, И
растворяясь в Божественной Матери,
Я отреклась от всякого чувства наслаждения.

Мать велела мне просить людей исполнить
Предназначение их человеческого рождения.
Поэтому я провозглашаю всему миру
Возвышенную истину, которую Она изрекла:
«О человек, воссоединись со своей высшей Сущностью!»

Многие тысячи йогов
Рождались в Индии и жили согласно
Принципам, которые прозрели
Великие мудрецы неведомого прошлого.
Сколь много чистых истин, способных
Устранить страдания человечества!

Сегодня я трепещу от блаженства,
Вспоминая слова Матери:
«О Моя дорогая, приди ко Мне,
Оставь все другие дела.
Ты всегда Моя».

О чистое сознание,
О воплощение Истины,
Я буду слушаться Тебя.
О Мать, почему Ты явилась так поздно?
Зачем Ты дала это рождение?
Я ничего не знаю, о Мать,
Пожалуйста, прости мои ошибки.

В этот период у Судхамани возникло сильное отвращение к видимому миру. Она стала рыть большие норы и прятаться в них, чтобы скрыться от этого мира двойственности и людей, стремящихся к чувственным наслаждениям. Все дни и ночи напролет она наслаждалась непрерывным блаженством Богореализации, избегая общества людей. Те, кто раньше считали, что она не в себе, теперь были твердо убеждены в ее безумии. Кто мог постичь тот уровень сознания, на котором она утвердилась? Хотя внутренне Судхамани уже вступила в царство Абсолюта, для семьи и деревенских жителей она оставалась всё той же сумасшедшей, одержимой Кришной три ночи в неделю. Если окружающие и заметили какую-то перемену, то только одну: вместо того, чтобы кататься по песку, она теперь рыла большие норы.

Явление Дэви-бхавы

Однажды Судхамани услышала исходивший изнутри нее голос: «Дитя мое, Я пребываю в сердце всех существ и не имею никакой определенной обители. Ты родилась не для того, чтобы лишь наслаждаться неомраченным блаженством высшей Сущности, а для утешения страждущего человечества. Впредь поклоняйся Мне в сердцах всех существ и облегчай их сопряженные с мирским существованием страдания».

Именно после этого внутреннего зова Судхамани начала являть Дэви-бхаву – состояние сознания Божественной Матери – в дополнение к Кришна-бхаве. В это время она раскрывала свое единство с Божественной Матерью, хотя в глазах преданных она теперь всего-навсего стала одержима еще и Дэви вдобавок к Кришне. Следующий случай ознаменовал явление Дэви-бхавы.

Прошло всего шесть месяцев с начала *даршанов* Кришна-бхавы. Приближался конец 1975 года. Однажды вечером, во время явления Кришна-бхавы, когда преданные один за другим заходили в храм, неожиданно произошло событие, изменившее всё вокруг.

Некоторые преданные, как обычно, пели *бхаджаны* на веранде перед входом в храм. Судхамани являла внутреннюю тождественность Всевышнему в аспекте Шри Кришны и радостно принимала людей. На ее сияющем лице играла чарующая улыбка, и преданные наслаждались Божественным присутствием. В этот момент в храм вошел преданный, на чьем лице было написано крайнее смятение. Очевидно, он стал объектом травли со стороны враждебно настроенных местных жителей[1]. Больно уязвленный их колкими насмешками, он залился слезами и взмолился, чтобы Кришна оградил своих преданных от нападок недоброжелателей.

Внезапно милостивая улыбка исчезла с лица Судхамани. Выражение ее лица изменилось до неузнаваемости и стало таким свирепым, словно наступило время окончательного растворения мироздания. Ее глаза напоминали два раскаленных железных шара. Пылая от гнева, они, казалось, метали разящие молнии. Ее пальцы были сложены в Дэви-мудре[2]. Все собравшиеся и внутри, и снаружи храма содрогнулись, услышав громоподобный смех, исходивший из всего ее существа. Они никогда в жизни не слышали такого смеха. При виде неожиданной перемены, произошедшей с Судхамани, люди, стоявшие в храме, затрепетали от страха. Несколько знатоков Священных Писаний начали громко произносить умиротворяющие *мантры* и исполнять духовные песнопения, восхваляющие Божественную Мать, тогда как некоторые другие стали совершать церемонию *арати*[3].

---

[1] Недоброжелатели продолжали свою злокозненную деятельность. Они стояли на обочине дороги, по которой проходили преданные, и осыпа́ли их язвительными насмешками. В этом были замечены не только односельчане, но и отец и брат Судхамани. Они даже пытались убедить преданных уйти, не дожидаясь окончания *даршана*.

[2] Жест-символ, связанный с Божественной Матерью.

[3] Круговые движения горящей камфорой перед божеством как форма поклонения.

После долгих молитв и повторения различных *мантр* Судхамани стала спокойной и безмятежной, но Кришна-бхава превратилась в Дэви-бхаву.

Впоследствии Судхамани сказала: «Видя страдания этого человека, я испытала желание уничтожить всех неправедных людей, которые упорно продолжают насмехаться над преданными. Непроизвольно явилась Дэви свирепой природы[4], чтобы даровать прибежище преследуемым». С тех пор Амма (Мать), как мы отныне будем называть ее, в дополнение к Кришна-бхаве стала регулярно давать преданным *даршан* как Дэви.

Амма была воплощением вселенской Любви. Очевидные еще с раннего детства добродетели: любовь к людям, стремление помогать и служить им – теперь раскрылись полностью. Амма принимала всех: людей с мирскими и духовными склонностями, неграмотных и образованных, богатых и бедных, больных и здоровых – с одинаковой нежностью и состраданием. Терпеливо выслушивая все проблемы, от бремени которых они пришли освободиться, она давала советы соответственно природе и уровню зрелости каждого. Она наставляла и утешала каждого соответственно его нуждам, помогая преодолевать трудности.

Вскоре после начала *даршанов* Дэви-бхавы в Амме произошли некоторые перемены. Во время Дэви-садханы она чаще всего была замкнутой и необщительной. Всё ее время было посвящено молитве и медитации на образ Божественной Матери. Если родители или брат мучили ее физически или нравственно, она сохраняла молчание. Теперь она стала более смелой – изменилось даже выражение ее лица. Когда дело касалось *бхава-даршанов* и, в особенности, ее общения с преданными, она вела себя по отношению к родителям и брату бесстрашно и непреклонно. Теперь она стала больше

---

[4] Кали Мата.

времени проводить с преданными и давать им духовные наставления. Это ознаменовало начало духовной миссии Аммы.

Моя высшая Сущность, не имеющая формы

Начиная с того дня,[5] я не видела ничего, отличного от моей собственной, не имеющей формы, высшей Сущности, в которой вся Вселенная существует, как крошечный пузырек...

Это емкое изречение Аммы передает глубину ее осознания. Хотя Амма утвердилась в высшем состоянии Богореализации, она совершила дополнительную *садхану*, дабы показать, что все различные формы богов и богинь – это аспекты одной и той же недвойственной Реальности. Обретя совершенный контроль над умом, она обнаружила, что может по своей воле отождествляться с любым аспектом Божественного. Амма рассказала о различных переживаниях, которые были у нее при выполнении этих *садхан*:

«Однажды, после совершения *садханы*, я почувствовала, что у меня изо рта высовывается большой клык. В то же время я услышала громкое гудение. Я различила форму Дэви с большими клыками, длинным высунутым языком, густыми, черными, вьющимися волосами, красноватыми глазами навыкате и темно-синей кожей[6]. Я подумала: "Скорей! Бежать! Дэви идет, чтобы убить меня!" Я собиралась вскочить и убежать. Внезапно я осознала, что я сама – Дэви. Гудение также порождалось мной. В следующий момент я обнаружила, что держу ви́ну[7] Дэви. У меня на

[5] Т.е. после познания Божественной Матери.
[6] Описание Кали Маты.
[7] Струнный музыкальный инструмент, который держит в руках Сарасвати, Богиня Знания.

голове была корона Дэви, а в носу – Ее кольцо. Через пару минут я подумала: "Что это? Каким образом я стала Дэви? Возможно, это уловка, к которой прибегла Божественная Мать, чтобы воспрепятствовать моей *садхане*". Поэтому я решила помедитировать на образ Шивы и посмотреть, что получится. Но в тот момент, когда я начала медитировать на образ Господа Шивы, я стала Им – со спутанными волосами, змеями на шее и руках. Я подумала: "Возможно, Шива тоже проверяет меня". И перестала медитировать на Его образ. Теперь мои сердце и душа были сосредоточены на Господе Ганеше, устраняющем препятствия. Мое существо тут же превратилось в слоноголового Ганешу с длинным хоботом и парой бивней, один из которых был сломан посередине. На какой бы аспект Бога я ни медитировала, я преображалась в него. Тогда я услышала исходивший изнутри голос: "Ты не отличаешься от них. Они все уже давным-давно слились с тобой. Так зачем тебе призывать всех этих богов и богинь?"»

С тех пор медитация Аммы на Бога, имеющего образ, стала естественным образом сходить на нет. Всепроникающий священный слог «Ом» заструился изнутри нее, и всё ее существо навсегда слилось с Тем. Даже после этого она продолжала медитировать, чтобы показать пример. Когда ее спросили об этом, Амма дала следующее объяснение: «Во время медитации Амма приходит ко всем своим детям, особенно к тем, кто сосредоточенно думает о ней, или к тем, кто страдает».

Подобный случай описан в великом эпосе «Шримад Бхагаватам». Однажды, когда знаменитый мудрец Нарада посетил обитель Шри Кришны, Двараку, он обнаружил, что Господь сидит в глубокой медитации. Нарада почтительно склонился перед Господом и спросил: «О Господь, на кого Ты медитируешь?» Господь с улыбкой ответил: «Я медитирую на Моих преданных».

Несмотря на то, что в глазах многих Судхамани стала «Аммой», отношение семьи к ней нисколько не изменилось. Ее естественное пребывание в высшей Сущности ускользало от понимания ее родителей и старшего брата, будучи для них слишком тонкой материей. Они продолжали сомневаться и неверно истолковывали поведение Судхамани, как шизофрению. Они боялись, что в результате общения с преданными она сойдет с пути нравственности и навлечет на семью дурную славу. Брат, Субхаган, был особенно враждебен по отношению к Амме, более того, его поведение по отношению к ней стало агрессивным.

Однажды Субхаган и несколько его кузенов под ложным предлогом пригласили Амму в дом одного родственника. Когда она пришла туда, они заперли ее в комнате. Один из кузенов начал угрожать ей и внезапно выхватил длинный нож, который прятал в складках одежды. Субхаган сказал: «Твое поведение зашло слишком далеко! Ты неизбежно запятнаешь доброе имя нашей семьи. Раз ты не можешь прекратить открыто якшаться с кем попало и упорно продолжаешь петь и танцевать, тебе лучше умереть». Он пришел в бешенство, услышав смех и резкий ответ Аммы: «Я нисколько не боюсь смерти. Тело должно рано или поздно умереть, но ты не способен убить высшую Сущность».

Хотя злоумышленники словесно угрожали Амме, ни у кого из них не хватало духу поднять на нее руку после того, как они услышали ее смелый ответ и увидели ее невозмутимость. Внезапно кузен, который размахивал ножом, выскочил вперед и надавил ножом ей на грудь, будто собираясь заколоть ее. Но он не смог сделать больше ни одного движения, поскольку в тот же миг был сражен мучительной болью в собственной груди в том самом месте, где он нажал ножом на грудь Аммы. Он сам упал на пол в агонии. Увидев это, остальные пришли в ужас. В этот момент подоспела Дамаянти, которая видела, как Судхамани уходит вместе с

Субхаганом и его кузенами. Услышав шум, она стала колотить в дверь и кричать. Когда дверь открыли, Дамаянти взяла Амму за руку и повела ее домой по берегу моря. По пути назад в Идаманнель Амма сказала Дамаянти: «Я позорю твоих родственников. Этот океан – тоже моя мать. Она радостно примет меня с распростертыми объятиями. Я иду к ней». Услышав ее слова, Дамаянти лишилась душевного равновесия и воскликнула: «Не говори так, дочь! Не говори так! Во время Кришна-бхавы *Бхагаван* (Господь) сказал мне, что, если тебе случится совершить самоубийство, все мои дети сойдут с ума...» Уговорив Амму отказаться от ее намерения, Дамаянти отвела ее назад в Идаманнель.

История на этом не закончилась. Кузен, который поднял нож на Амму, был отправлен в тяжелом состоянии в больницу. Хотя ему было обеспечено превосходное лечение, он, постоянно харкая кровью, спустя некоторое время умер. Когда он находился в критическом состоянии, Амма пришла к нему в больницу. Она с любовью утешала его и кормила его из собственных рук. Он глубоко раскаялся в своей роковой ошибке и залился слезами, ощущая ее сострадание и прощение.

Амма не испытывала никакой вражды к кузену, пытавшемуся убить ее, и не имела никакого намерения отомстить за его злодеяние. Он пострадал, пожиная плоды своих действий. Амма объяснила это так: «Амму любят не только люди, но и многочисленные тонкие существа. Если кто-то пытается причинить Амме вред, Амма не реагирует. Амма встречает такого человека без всякого волнения, у нее даже в мыслях нет причинять вред тому, кем движет неведение. Но эти тонкие существа гневаются и мстят. Вы понимаете, как это происходит? Предположим, на чью-то мать кто-то напал. Разве ее дети станут безучастно сидеть сложа руки? Даже если мать попытается остановить их, они найдут этого человека и отомстят ему».

Превосходя ограничения мирского существования, Амма принимала всех преданных независимо от касты, вероисповедания, положения в обществе и пола. В глазах невежественных, неверующих людей равное отношение ко всем и широта ума Аммы были лишь явным признаком психического расстройства. Недоброжелатели продолжали приходить в храм во время *бхава-даршанов* и отпускать едкие замечания в адрес Аммы. Несмотря на то, что она оставалась невосприимчивой и невозмутимой, Сугунанандан был очень удручен их оскорблениями. Все его попытки выдать дочь замуж закончились неудачей, но он всё еще не мог полностью отказаться от этой идеи. Теперь ему стало мниться, что серьезным препятствием на пути к осуществлению его желания является *бхава-даршан*. Он, как и Субхаган, стал твердо убежден, что *даршан* – это нечто постыдное. Кроме того, его беспокоило еще кое-что. После *бхавы* тело его дочери становилось твердым, как камень, и требовались часы интенсивного массажа, чтобы вернуть его в нормальное состояние.

Сугунанандан исполнился решимости поддержать Субхагана, пытавшегося положить конец *бхава-даршанам*. Войдя в храм во время очередной Дэви-бхавы, Сугунанандан сказал Амме: «Дэви должна покинуть тело малышки. Нам здесь больше не нужен этот *бхава-даршан*. Мы хотим выдать ее замуж. Я хочу получить мою дочь обратно!»[8]

Амма обратилась к нему, как к отчиму,[9] и спросила: «Разве она твоя дочь?» Когда он услышал подобное обращение, его возбуждение переросло в гнев, и он в сердцах выпалил: «Да!

---

[8] Следует помнить, что с точки зрения семьи Амма была одержима Кришной и Дэви три ночи в неделю, а в остальное время была сумасшедшей.

[9] С юных лет она считала только Бога своей настоящей матерью и своим настоящим отцом, поэтому все остальные были для нее мачехой и отчимом.

Она – моя дочь. Разве у богов и богинь есть отчимы? Я хочу получить мою дочь обратно!»

Амма невозмутимо ответила: «Если я отдам назад твою дочь, она будет не больше чем трупом, который вскоре начнет разлагаться. Тебе придется похоронить ее, а не выдавать замуж». Не желая ничего слушать, Сугунанандан потребовал: «Пусть Дэви вернется в свою обитель! Я хочу получить моего ребенка обратно!»

Амма сказала: «Если так, вот твоя дочь. Забирай ее!» В ту же секунду Амма упала на пол храма. Через несколько мгновений ее сердце остановилось, а тело окоченело. Хотя ее глаза были широко открыты, в них не было ни единого признака жизни. Она была мертва.

Раздались громкие причитания. Все, кто пришел на *даршан*, были сражены горем. Дамаянти и остальные ее дочери упали на землю без чувств. С быстротой молнии распространилось известие о том, что Дэви забрала жизнь Аммы из-за ошибки, совершенной Сугунананданом. Все принялись обвинять его в том, что он стал причиной безвременной кончины Аммы.

Вокруг тела были зажжены лампады. Даже в природе воцарилось безмолвие. Некоторые преданные залились слезами, другие несли какой-то вздор, не в силах справиться с захлестнувшими их эмоциями. Кто-то с серьезным видом сидел около тела, держа ладони у ноздрей Аммы и проверяя, дышит ли она. Ничего. Доктор проверил пульс. Никаких признаков жизни. Это был ужасный момент.

Осознав весь трагизм ситуации, вызванной его необдуманным поступком, не в силах вынести мучительную сердечную боль, Сугунанандан тоже потерял сознание. Воцарилась скорбная тишина. Полагая, что невозможное действительно случилось, присутствующие оставили всякую надежду вернуть Амму к жизни. Прошло восемь зловещих, мучительно долгих часов. Придя в сознание только для того, чтобы соприкоснуться с леденящей душу реальностью, Сугунанандан громко взмолился: «О Дэви! Умоляю Тебя простить меня за те слова, которые я произнес в крайнем неведении! Пожалуйста, верни мою дочь к жизни! Прости мою ошибку! Я больше никогда не совершу подобного нечестивого поступка!» Безудержно рыдая, он простерся ниц перед храмом.

Внезапно один из преданных заметил слабые признаки движения в теле Аммы. Присутствующие стали наблюдать за ней с пробуждающейся надеждой, и слезы горя начали сменяться слезами радости. Амма вернулась к жизни, но… в Кришна-бхаве! Обращаясь к Сугунанандану, который искренне почитал Кришну, она сказала ему: «Без Шакти[10] не может быть Кришны!»

Этот случай вызвал большую перемену в отношении Сугунанандана к Богу и дочери. С этого момента он позволял ей делать всё, что ей заблагорассудится, и уже никогда более не пытался выдать ее замуж. Позже Амма сказала об этом случае следующее:

«Он был непреклонен в стремлении забрать у Дэви свою дочь. Но если бы она действительно была их дочерью, они были бы способны вернуть ее к жизни. Этого они сделать не могли. Самое большее, им принадлежало ее тело. Когда он потребовал вернуть назад своего ребенка, ему было отдано это тело».

---

[10] Одно из имен Божественной Матери, отражающее аспект космической энергии.

Глава девятая

Меч Истины

Дети, даже когда человек рубит дерево, оно продолжает даровать ему прохладную тень. Духовному подвижнику следует вести себя так же. Лишь тот, кто молится о благополучии даже своих мучителей, может стяжать духовность. Величайшее оружие духовного подвижника – меч Истины.

Мата Амританандамайи

О Дэви, Твоя природа – усмирять нечестивых; Твоя несравненная красота непостижима; Твоя сила уничтожает тех, кто отнимает у богов доблесть, и Ты являешь сострадание даже врагам.

Дэви-махатмьям, 4.21

По-видимому, всем Великим Душам приходится терпеть гонения, которым их подвергают ограниченные люди. Но это словно идет Великим Душам на пользу, поскольку каждое новое препятствие, возникающее на их пути, увеличивает их славу. Жизни Шри Кришны, Шри Рамы, Иисуса Христа и Будды служат прекрасной иллюстрацией этого факта. Жизнь Аммы – это еще один великолепный пример.

Прошло три года. К 1978 году число преданных Аммы значительно увеличилось и продолжало быстро расти. Люди стекались в Идаманнель со всех уголков Индии, чтобы получить *даршан* Аммы. С увеличением числа ее почитателей недоброжелатели активизировали направленную против нее кампанию, но никакая мирская сила не могла воспрепятствовать осуществлению духовной миссии Аммы.

В это время появились некоторые дурные предзнаменования, предвещавшие, что вскоре в Идаманнеле произойдет трагедия. Субхагана нисколько не смутили пагубные последствия его попытки организовать хладнокровное убийство сестры. Теперь его высокомерие и враждебность по отношению к Амме стали еще более откровенными. Он пытался навязать свои эгоистичные представления всей семье. Поскольку он был человеком вспыльчивым и непредсказуемым, члены семьи боялись противоречить ему. Растущее число преданных и неослабная клевета рационалистов привели его ум в смятение. Он стал грубо оскорблять приходивших на *бхава-даршан* преданных, чтобы заставить их отказаться от участия в *даршане*.

В это время – то ли так было предначертано судьбой, то ли принесли плоды его нечестивые поступки – Субхагана поразила страшная болезнь элефантиаз. Симптомы этой болезни проявились как на его руках, так и на ногах. Хотя он прошел различные курсы лечения, ни один из них не дал положительного результата. Мысль о том, что его поразила смертельная болезнь, неотступно преследовала Субхагана. Он погрузился в сильную депрессию и стал подумывать о самоубийстве. Несколько раз он делился душевными муками со своими близкими друзьями. Он начал страдать бессонницей и стал принимать снотворное. Физические недуги и наложившееся на них эмоциональное напряжение дали себя знать, и постепенно Субхаган лишился рассудка.

Однажды Амма позвала Дамаянти и сказала ей: «Кажется, Субхаган приближается к концу своего жизненного пути. Чтобы спасти его, ты можешь дать обет молчания, но очевидно, что определенные силы будут пытаться помешать тебе сохранить обет. Поэтому будь внимательна в отношении этого обета».

Последовав совету Аммы, Дамаянти решила соблюдать обет молчания в течение одного дня. Однако, когда прошло полдня, случилось так, что корова, стоявшая в хлеву, сорвалась с привязи и бросилась бежать. Дамаянти совершенно забыла о своем обете и закричала: «Корова убегает! Ловите ее!» Семья восприняла это как дурное предзнаменование, особенно с учетом того, что Амма предупреждала Дамаянти о необходимости тщательно соблюдать обет. Это неблагоприятное происшествие вселило в членов семьи страх и беспокойство.

Однажды Субхаган в порыве ярости принялся грубо оскорблять мусульманку, которая пришла в Идаманнель на *бхава-даршан*. Не в силах вынести жестоких издевок Субхагана, женщина бросилась в храм, разрыдалась и стала биться головой о порог. Она взывала: «О Амма! Амма! Неужели таков удел тех, кто приходит увидеть Тебя?»

Когда Амма услышала вопли мусульманки, выражение ее сияющего и улыбающегося лица резко изменилось. Она с грозным видом встала со священного сиденья, держа в одной руке трезубец, а в другой меч. Торжественным и глубоким голосом Амма произнесла: «Кем бы ни был тот, кто причинил незаслуженные страдания этой преданной, он умрет через семь дней».

Когда пророчество Аммы достигло ушей Сугунанандана, он ринулся в храм просить прощения за ужасное поведение своего сына. Он умолял Амму сохранить жизнь Субхагана и взамен забрать его собственную. Амма невозмутимо ответила: «Я никогда никого не наказываю. Если меня оскорбляют или издеваются надо мной, меня это не задевает. Но когда так жестоко обращаются с преданным, даже Бог не простит. Каждый должен пожинать плоды своих действий. Иного не дано».

Прошло семь дней. Близилась полночь 2 июня 1978 года, когда Субхаган, который был извещен о пророчестве Аммы, совершил самоубийство через повешение. Он написал предсмертную записку, в которой причиной самоубийства назвал невыносимый стресс, вызванный неизлечимой болезнью. Самоубийство Субхагана погрузило Идаманнель в пучину горя и породило в нем хаос. Недоброжелатели немедленно ухватились за эту возможность, чтобы усилить пропагандистскую кампанию против Аммы. Они начали распространять ложные версии смерти Субхагана, обвиняя в его убийстве Сугунанандана, который любил своего старшего сына больше собственной жизни.

Несмотря на все усилия, недоброжелатели не могли подвести под свои несправедливые обвинения никакого основания, поскольку имелись вполне достаточные доказательства того, что смерть наступила в результате самоубийства.

Помимо предсмертной записки, написанной собственной рукой Субхагана, он также разослал некоторым из своих друзей и родственников письма, в которых сообщал им о своем намерении. Данные вскрытия также подтвердили, что смерть наступила в результате самоубийства. Таким образом, вопрос о возбуждении уголовного дела не поднимался.

Самоубийство Субхагана вызвало среди родственников переполох. Они открыто выражали по отношению к его семье враждебность, не желая иметь с ней ничего общего и полностью игнорируя ее, как будто ее никогда не существовало. Членов семьи перестали приглашать на общественные мероприятия, фестивали и церемонии бракосочетания, им не предлагали участвовать в религиозных обрядах и ритуалах. От них отреклись все родственники. Они посещали соседние дома, но даже не смотрели в сторону Идаманнеля. Если родственники приходили на побережье около Идаманнеля для совершения обрядов поминовения предков, они уходили сразу же по их завершении. Такое отношение очень тяготило членов семьи Идаманнель и усугубляло их и без того безрадостное положение.

Через шестнадцать дней после смерти Субхагана, когда возобновился *бхава-даршан*, Сугунанандан с тяжелым сердцем подошел к Амме. Он пожаловался, что Амма не спасла его дорогого сына от ужасной смерти, и залился слезами. Утешая его, Амма сказала: «Не переживай. Твой покойный сын вновь родится как преданный в этом же самом доме через три года». Спустя несколько лет старшая дочь Сугунанандана, Кастури, вышла замуж. Когда она зачала первого ребенка, Амма дала ему имя «Шиван», когда он был еще в утробе. Поскольку Амма нарекла ребенка мужским именем, члены семьи не сомневались, что родится мальчик. Так и случилось. После его рождения Амма однажды сказала: «В течение трех лет после смерти Субхагана его душа витала в этой *ашрамной* атмосфере. Услышав звуки духовных песнопений и ведических *мантр*, он вновь родился в этом же доме как "Шиван"». Сейчас Шиван – смышленый юноша. Он с малолетства всегда повторяет священный слог «Ом» и садится медитировать, не дожидаясь, когда его попросят об этом.

Возвращение рационалистов

После возобновления Дэви-бхавы рационалисты стали вести себя еще более высокомерно и враждебно. Теперь они задействовали средства массовой информации, чтобы заставить людей поверить, что Амма – сумасшедшая, а *бхава-даршан* – мошенничество. Но чем больше они старались оклеветать Амму, тем меньше им это удавалось. Их упорство было поистине удивительным.

Однажды ночью недоброжелатели решили вновь прибегнуть к своей старой, ранее не сработавшей тактике, которая заключалась в том, чтобы попытаться схватить Амму во время *даршана* с целью унизить ее и подвергнуть осмеянию Божественную силу. Два самых отъявленных хулигана из их группы, пьяные в стельку, явились в Идаманнель, намереваясь устроить в храме балаган. Они присоединились к очереди, в которой стояли преданные, чтобы войти внутрь.

В это время Амма, уже сидевшая в храме в Дэви-бхаве, сказала находившимся подле нее преданным: «Смотрите. Сейчас Амма покажет вам забавную шутку». Произнеся эти слова, она посмотрела прямо на пьяниц и одарила их чарующей улыбкой. К этому моменту они дошли до дверного проема храма, но внезапно тот, кто стоял первым, утратил способность двигаться, словно был парализован. Он не мог сделать ни шагу и пару минут стоял на месте как вкопанный. Его пособник, стоявший прямо за ним, разозлился и грубо спросил его, почему он не проходит внутрь. «Ты что, не видишь, сколько людей уже стоит передо мной внутри

храма?!» – резко ответил его приятель. Второй злоумыш-
ленник закричал: «Ты уже давным-давно стоишь тут как
чурбан! Тебя что, тоже загипнотизировала эта девчонка?»
Словесная перепалка между хулиганами переросла в драку, и
они покинули Идаманнель, как и было предсказано Аммой.

Как упоминалось ранее, в те дни некоторые преданные-
домохозяева приглашали Амму в свои дома для совершения
религиозных обрядов и исполнения духовных песнопений.
Узнав о том, что Амма собирается посетить какой-то дом,
недоброжелатели тоже приходили туда. Однажды вечером
Амма посетила дом, расположенный в деревне Панмана,
километрах в двадцати от Параякадаву. В течение долгого
времени члены семьи, жившей в этом доме, страдали от
различных физических и психических недугов, от которых
они не могли излечиться. Они совершали различные *пуджи*[1],
чтобы призвать на помощь различных богов и богинь, но
это не давало результата. Услышав об Амме, они пришли
на *бхава-даршан* и обратились к ней с просьбой о помощи.
Сострадательная Амма согласилась прийти в их дом и совершить особую *пуджу*, чтобы устранить их болезни.

Как оказалось, некоторые члены семьи были против
совершения обряда и присоединились к недоброжелателям,
готовившимся сорвать *пуджу*. В тот вечер, когда Амма пришла к ним в дом, один из членов семьи высокомерно сказал
ей: «Я собираюсь понаблюдать за тем, как будет совершаться
обряд. Я буду очень внимательно следить за всем. После
этого я задам несколько вопросов». Тогда Амма спросила
его: «Разве это "я" нечто такое, что ограничено только твоим
телом? Разве оно находится в твоей власти?»

Наступило два часа ночи. Амма готовила всё необходимое для *пуджи*. К большому облегчению преданных членов
семьи, человек, сделавший это эгоистичное заявление,

---

[1] Религиозные обряды.

погрузился в бессознательное состояние, подобное глубокому сну. Как только завершилось последнее действие *пуджи*, высокомерный малый вздрогнул и проснулся. Он вскочил и воскликнул: «Неужели всё уже закончилось? Неужели обряд уже завершился?»

Амма ответила: «Да, завершился. Ты сказал, что будешь очень внимательно наблюдать за ним. Ты его видел? Теперь ты понимаешь: то, что мы называем "я", нам не подвластно. Когда ты спал, куда ушло твое "я"?» Человек побледнел и повесил голову, не произнеся ни слова.

Собравшиеся в доме недоброжелатели не готовы были сдаться так просто. Они начали задавать Амме грубые и абсурдные вопросы. Амма оставалась веселой и невозмутимой, но *брахмачарин*[2], который пришел помогать в проведении *пуджи*, не мог этого вынести. Он попросил Амму: «Пожалуйста, покажи им что-нибудь, чтобы они замолчали. Иначе они не перестанут чинить неприятности».

Прошло еще несколько минут. Вдруг с близлежащего кладбища поднялся ярко сверкающий огненный шар. От него исходили языки пламени, танцевавшие вокруг раскаленной сферы. Теперь наступила очередь Аммы задать вопрос ошарашенным нарушителям спокойствия: «Если среди вас есть храбрецы, то почему бы им не прогуляться до кладбища и обратно?» Ни один из них не решился принять вызов. Мгновение спустя, словно перепуганные мальчики, мужчины попятились к выходу и спешно ретировались.

Похожий случай произошел в 1980 году в доме Шримати Индиры из Карунагаппалли – города, расположенного приблизительно в десяти километрах от Валликкаву[3]. Индира, будучи очень предана Амме, пригласила ее к себе в дом, чтобы освятить его. Как обычно, в назначенный вечер прибыли

---

[2] Духовный искатель, давший обет безбрачия.
[3] Деревня на материке напротив Параякадаву.

и рационалисты. Увидев их и зная их дурную репутацию, хозяева дома не на шутку перепугались. Члены семьи Индиры умоляли Амму, чтобы она разогнала шайку скептиков.

Амма погрузилась в медитацию. Через пару секунд, ко всеобщему изумлению, появился ослепительно яркий сияющий шар, окруженный многочисленными огнями, напоминавшими крошечные светильники. Этот шар появился в северной стороне дома и начал перемещаться на юг, пролетев через входную дверь. Преданные исполнились трепета и благоговения и стали повторять имя Божественной Матери. Шар медленно взлетал всё выше и выше и, наконец, исчез вдалеке, но только после того, как облетел вокруг священного дерева билвы (aegle marmelos), растущего в южной части двора. Потрясенные и напуганные, неверующие скептики покинули дом. Они никогда уже больше не приходили, чтобы мешать Амме исполнять духовные песнопения, более того, после этого случая многие из них стали преданными.

Черная магия терпит неудачу

Неподалеку от вышеупомянутого дома жил черный маг, обладавший очень большим самомнением. Кто-то рассказал ему о девушке из Параякадаву, которая три ночи в неделю была одержима Кришной и Дэви. Черный маг похвастался, что быстро положит конец этой одержимости. Он даже рассказал о колдовском приеме, который применит для этого. «Я разделю среднюю жилку кокосового листа надвое, произнося при этом определенные могущественные мантры, и бог с богиней немедленно перестанут посещать ее тело», – заявил он. Итак, однажды он прибыл в Идаманнель. Как он ни старался, ни один из его трюков не дал обещанного результата, и он, посрамленный, был вынужден уйти. Однако он продолжал использовать колдовские силы против Аммы. Несколько раз он посылал ей пепел, в который были вселены зловредные *мантры*, но все его попытки навредить Амме провалились. Вскоре после этого маг сошел с ума и стал уличным попрошайкой. Можно было слышать, как он непрестанно просит у прохожих: «Подайте десять пайс, подайте десять пайс...»

В деревне Ариккал, на том же острове, где жила Амма, жил священник. Он был не только храмовым священнослужителем, но и известным черным магом, которому особенно хорошо удавалось изгонять злых духов и тонкие существа, вселявшиеся в невинных людей. Одна старуха, питавшая сильную неприязнь к Амме, тайно пришла к этому священнику. Она намеревалась убедить его использовать свои силы для того, чтобы погубить Амму и положить конец Божественным *бхавам*. Желая, чтобы он произнес заклятие, женщина написала имя Аммы и звезду ее рождения на клочке бумаги и дала его священнику.

В тот же день одной женщине, которая была очень предана Амме, приснился сон, в котором ей явилась Амма и сказала, что на следующий день она должна пойти в определенный храм и сотворить там молитвы. На следующий день эта преданная пришла к Амме и рассказала ей о своем сне. Амма сказала: «Сходи туда и возвращайся обратно. Тогда ты поймешь значение сна».

Испросив разрешение Аммы, женщина отправилась в храм, который был указан в ее сне. Она не знала, что это тот же храм, где совершал ежедневное богослужение священник, которого уговаривали применить черную магию против Аммы. Помолившись в храме, преданная пошла встретиться со священником, чтобы кое-что с ним обсудить. Увидев эту женщину, священник принял ее радушно и поднялся с кровати, на которой сидел. Он начал скатывать матрац, приговаривая: «Проходите, пожалуйста, присаживайтесь... Пожалуйста, садитесь...» Когда он скатывал матрац, на пол перед преданной упал маленький клочок бумаги. Подобрав его, она увидела, что там написаны имя и звезда рождения Аммы. Она тут же поняла взаимосвязь этой бумаги, священника-мага и сна. Она начала бить себя в грудь, восклицая: «Что Вы наделали? Вы что-то сделали нашей Амме? Если так, то мы не сможем больше жить!» Сказав это, она залилась слезами. Священник успокоил ее: «Нет-нет, я ничего не сделал. Вчера сюда приходила старуха, которая непрестанно твердила, что я должен уничтожить то место. Чтобы она перестала докучать мне, я взял у нее эту записку и держал ее здесь».

Чувствуя, что священник искренен, женщина немного успокоилась и попросила его: «Пожалуйста, приходите и посмотрите сами, что там происходит. Тогда вы поймете, где истина». Священник согласился и сказал, что он скоро придет и увидит всё лично.

Как и было обещано, священник пришел в Идаманнель во время одного *бхава-даршана*. Когда люди услышали о приходе знаменитого священника, собралась большая толпа верующих и неверующих. Все с нетерпением ожидали его встречи с Аммой. Некоторые говорили: «Этот священник – великий маг. Он положит конец всему, что здесь происходит». Преданные решительно утверждали: «Он ничего не сделает».

Священник пришел с пожилой женщиной, которой он дал подержать пакет рисовых хлопьев[4], пока он сам будет внутри храма. Он уже решил, что станет преданным Аммы, если она докажет ему, что является Божественным Существом. Амма была в Кришна-бхаве. Она дала священнику горстку священного пепла и спросила: «Разве ты пришел сюда не для того, чтобы повторять эту *мантру*?» Сказав это, она произнесла *мантру*, которую знал только священник. Тот опешил. Амма продолжила: «Разве ты не поклоняешься Хануману? Не повторяй зловредные *мантры* тем же языком,

---

[4] Зерна риса, сплющенные в хлопья наподобие овсяных хлопьев.

который ты используешь для повторения Его имени». Священник лишился дара речи. Никто во всем мире не знал, что его *упасана-мурти* (образ Бога, которому он поклонялся) – Хануман. Амма только что раскрыла величайшую тайну его жизни. Но Амма не остановилась на этом. «Разве не ты попросил ту женщину постоять снаружи и подержать пакет рисовых хлопьев? Кучела[5] принес Шри Кришне подношение в виде рисовых хлопьев. Разве ты не пришел с таким же подношением? Но здесь есть один важный момент. Кучела преподнес Кришне рисовые хлопья самоотречения и истины. Несмотря на то, что в рисе было полно камней и песка, Господь не замечал этого. Он взглянул и увидел лишь чистую преданность и открытое сердце Кучелы. Там не было ни камней, ни песка. Всё было амброзией. Именно поэтому Господь вкусил риса. Зачем ты одолжил рис-сырец у своего соседа? Очистив рис от шелухи, зачем ты смешал его с камнями и песком и принес сюда?»

Священник не мог поверить своим ушам. Услышав подробное описание того, что он сделал, из уст Аммы, он залился слезами. С глубоким раскаянием он попросил прощения за свои неправедные поступки. С того дня он стал искренним преданным Аммы.

Новые «подвиги» комитета по устранению слепых верований

Комитет по устранению слепых верований решил прибегнуть к более изощренным методам противодействия Амме. Члены комитета теперь пытались повлиять на высокопоставленных полицейских чиновников и правительственные структуры, чтобы создать движение против

---

[5] Искренний преданный Господа Кришны, чья история приводится в «Шримад Бхагаватам».

бхава-даршанов. Деятельность комитета повлекла за собой несколько расследований, как публичных, так и тайных, но единственным заметным результатом было то, что многие следователи стали преданными.

Однажды вечером, во время Дэви-бхавы, нарушители спокойствия потребовали, чтобы девушка, исполнявшая духовные песнопения, перестала петь. Девушка парировала: «Я буду петь. Я верю в Амму». Словесная перепалка, начавшаяся в результате этого инцидента, завершилась ссорой между преданными и хулиганами. В конечном счете пришел Сугунанандан и прогнал буянов.

Вскоре после того, как они ушли, Амма позвала отца и предупредила его: «Они пошли подавать против нас заявление. Я буду главным ответчиком, а ты – вторым. Тебе следует пойти и заранее проинформировать власти об истинном положении дел». Не придав значения словам Аммы, Сугунанандан сказал: «Они не будут подавать против нас заявление. Полиция не придет сюда». Амма настоятельно повторила свою просьбу еще несколько раз, и Сугунанандан пошел в полицейский участок. Он обнаружил, что всё обстоит именно так, как предсказала Амма, и изложил полицейским суть дела ясно и искренне.

«Мы никого не обманываем. Это правда, что моя дочь являет Божественные состояния сознания. Вы поймете, в чем дело, только в том случае, если увидите это собственными глазами. Преданные приходят и исполняют духовные песнопения. Нет никакого шарлатанства. Вода из общественного крана и пепел, покупаемый в Оачире, – вот то, что раздается в качестве *прасада*[6]. Мы никогда не материализуем цветы из воздуха. Мы преподносим цветы, собранные с деревьев и кустарников. Мы не даем никаких объявлений или рекламы о явлениях Божественного состояния сознания. Люди

---

[6] Освященные подношения, благословленные Богом.

приходят, услышав о переживаниях других людей, которые уже были свидетелями *бхава-даршана*. Помимо всего прочего, всё происходит в моем доме. Это моя собственность. Недоброжелатели приходят в мой дом, чтобы скандалить и ссориться со мной. Разве это справедливо? Поэтому я прошу вас защитить нас от них!»

Полицейские не могли ничего возразить, услышав рассказ Сугунанандана и почувствовав его искренность. Ложное обвинительное заявление было аннулировано. Недоброжелатели пришли в ярость. В отместку они разработали следующий план с целью навредить Амме. В те дни во время *бхава-даршана*, после того, как Амма являла свое единство с Дэви, она выходила из храма и танцевала в блаженстве. Однажды вечером злодеи прибыли в Идаманнель с корзиной, полной ядовитых шипов. Эти шипы были настолько острыми и ядовитыми, что стоило хотя бы одному из них проколоть человеку стопу, как тот падал без сознания.

Шипы были переданы группе детей с указанием рассыпать их по земле на том месте, где Амма обычно танцевала. Дети должны были разбрасывать шипы во время *дипарад-ханы*[7], чтобы всё внимание было сосредоточено на Амме, а не на них. Дети сделали всё так, как им сказали. Когда Амма вышла из храма, она предупредила преданных о том, что произошло, и велела им не двигаться с места. После этого Амма закружилась в экстатическом танце, держа в поднятых руках меч и трезубец. Танец Аммы внушал собравшимся благоговейный трепет. Преданные ощущали, что перед ними танцует Сама Мать Кали, разрушительница всякого зла. Она танцевала на веранде перед храмом, когда внезапно ее меч разрезал нити, удерживавшие картины на стене. Они с грохотом упали на пол, и по всей веранде рассыпалось

---

[7] Круговые движения горящей камфорой перед Аммой, сидящей в храме в Дэви-бхаве.

битое стекло. Не обращая внимания на опасность, Амма продолжала танцевать, топча осколки битого стекла, словно это были цветочные лепестки.

Те, кто пришли с намерением навредить Амме, были поражены этим зрелищем, но всё еще не теряли надежды увидеть, как кровь обагрит ее стопы, пронзенные шипами, и как Амма упадет на землю, не в силах выносить мучительную боль.

Амма сошла вниз с веранды храма и подошла прямо к тому месту, где были разбросаны шипы. Острием меча она начертила на земле линию и запретила кому-либо пересекать ее. После этого она переступила через эту линию и закружилась в танце, в течение долгого времени топча ядовитые шипы. Злодеи не могли поверить своим глазам. При виде этого зрелища, от которого волосы вставали дыбом, они сильно забеспокоились и немедленно ретировались.

Когда Сугунанандан осознал, что происходит, он начал метаться туда-сюда, переполняемый ужасными мыслями о раненых стопах дочери. Он пришел с лекарством, чтобы обработать раны, но, к своему великому изумлению, не смог найти ни следа царапины или укола.

Хотя так называемые рационалисты наблюдали многие подобные чудеса собственными глазами, они не были готовы отказаться от зависти и вражды по отношению к Амме. Деревенские жители и преданные дивились чудесным событиям, происходившим вокруг Аммы, но для нее, всегда пребывавшей в высшей Реальности, это было лишь детской игрой. Когда к ней пришли несколько преданных, глубоко опечаленных бесконечными гонениями, которым нечестивые злодеи подвергали их любимую Амму, она сказала: «Дети, нет мира без двойственности. Нам не следует из-за этого беспокоиться. Преданные Аммы рассредоточены по всему миру. Эти действия не смогут ввести их в заблуждение».

Амма советовала преданным и членам своей семьи быть невозмутимыми и терпеливыми. Неуклонно следуя ее наставлению, они безропотно выносили ужасное поведение рационалистов.

В другой раз несколько молодых представителей рационалистического движения прибыли в Идаманнель со злым умыслом. Они решили подражать танцу Аммы во время *бхавы*, полагая, что им удастся обмануть преданных и выставить Амму на посмешище.

К тому времени, когда они прибыли, *даршан* уже начался. Амма с любовью принимала преданных одного за другим. Она подозвала нескольких преданных и рассказала им о молодых людях, намеревающихся танцевать, подражая ей. Запретив причинять этим молодым людям вред, она дала преданным необходимые предписания и отправила их на улицу. Преданные стали напряженно ждать. Некоторое время спустя один из юношей принялся фиглярствовать. Он пытался имитировать некоторые жесты, которые Амма делала во время явления Божественного состояния сознания. Бдительные преданные окружили обманщика и начали задавать ему вопросы. Не в состоянии ответить на них, он испугался и понял серьезность того, что натворил. Все его друзья немедленно разбежались, бросив мальчишку одного. Кинувшись наутек, он в конечном счете прыгнул в заводь! Преданные вытащили его из воды. Они строго наказали ему больше не совершать подобных глупых поступков и отослали его восвояси.

Тогда злодеи привели в действие самый дерзкий и страшный план. Они наняли убийцу, который должен был войти в храм и нанести Амме смертельный удар ножом во время *бхава-даршана*. Пряча нож под одеждой, он вошел в храм. Увидев его, Амма одарила его милостивой улыбкой и продолжила принимать преданных. Странным образом ее улыбка оказала на него умиротворяющее воздействие. Придя в чувство и осознав свою страшную ошибку, он упал к стопам Аммы и стал умолять ее о прощении. Он вышел из храма уже совершенно другим человеком. Заметив произошедшую в нем разительную перемену, его пособники спросили, не загипнотизировала ли Амма и его. Он лишь улыбнулся им и с тех пор стал преданным Аммы.

В этот период Амма не могла выйти на дорогу или деревенскую тропинку, не подвергнувшись оскорблениям со стороны распоясавшихся смутьянов. Они стояли по обе стороны дороги и грубо насмехались над ней. Они дошли до того, что стали подстрекать маленьких детей из деревни подражать им. Если было раннее утро, они прятались за деревьями и кустами и даже бросали в Амму камни. Эти дикари тиранили не только Амму. Вся ее семья стала объектом травли. Завидев кого-нибудь из членов семьи, недоброжелатели выкрикивали: «Вот идет Кришна! Вот идет Кришна!»

Если у рационалистов не было никакого другого плана на вечер, они приходили в храм и делали Амме ложные заявления, надеясь разоблачить ее как обманщицу. Один человек пришел к Амме и сказал ей, что он слепой. Амма тут же сделала резкое движение указательным пальцем, словно собираясь выколоть ему глаз. Человек отпрянул назад с криком «Ой!» Так Амма разоблачила обман того, кто пришел обмануть ее.

В другой раз к Амме пришел один молодой человек, который сказал, что у него сильно болит рука. Он ожидал, что Амма начнет массировать его руку. Вместо этого Амма попросила стоявшего поблизости *брахмачарина* потереть руку этого человека. Как только *брахмачарин* коснулся его руки, человек испытал сильную боль именно в том месте, которое он описал Амме. Не в силах вынести мучительную боль, он взмолился, чтобы она простила его за ребяческую выходку. Те, кто приходили обмануть Амму, неизменно сами были разоблачены как мошенники.

«Сегодняшний враг – завтрашний друг»

Сугунанандан страшно устал от бесконечной череды вздорных и злобных выходок рационалистов. Однажды ночью, во время Дэви-бхавы, он с горьким чувством подошел к Амме и сказал: «Неужели это то, что уготовано мне Богом? Люди называют меня убийцей моего собственного сына! Я не могу пройти по деревне, не услышав непрерывных упреков в свой адрес. Это незавидное положение. Дэви должна наказать нечестивцев!»

Амма ответила: «Подожди, и ты увидишь: сегодняшний враг – завтрашний друг. Кого я должна наказывать? Те, кто выступают против тебя сегодня, завтра женятся на твоих дочерях. Утешай себя, думая, что всё происходит по воле Божьей. Если один твой сын ушел, тысячи сыновей придут завтра». Дамаянти глубоко скорбела о смерти сына. Амма сказала ей: «Не печалься. В будущем сюда прибудет множество детей со всего света. Люби их, как своих собственных».

Хотя дни и ночи Аммы были посвящены утешению и ободрению преданных, она всё же находила время служить членам своей семьи и помогать тем из них, кто попал в тяжелую ситуацию. С мирской точки зрения, она была простой молодой девушкой, но при этом она безупречно выполняла долг как по отношению к тысячам преданных, так и по отношению к родителям, не отклоняясь ни на йоту от пути истины и праведности. Ее отношение и забота о членах своей семьи были источником вдохновения для преданных-домохозяев. Амма являла прекрасный пример того, как можно вести духовную жизнь и при этом выполнять обязанности перед семьей, оставаясь отрешенной и чистой.

Хотя Сугунанандан занимался рыботорговлей, его коммерческое предприятие было не очень прибыльным. В конечном счете он свернул его, когда в результате *бхава-даршанов* в его дом стало стекаться большое количество людей со всей страны. Кроме того, он не мог сосредоточиться на своем бизнесе из-за противодействия со стороны жителей деревни и других проблем, возникших в связи с *бхава-даршанами*. Он был вынужден проводить всё время в Идаманнеле. Помимо всего прочего, ему необходимо было выдать замуж трех дочерей, хотя он делал вид, что это его не особенно волнует. Все его сыновья ходили в школу. Время от времени кто-то из членов семьи заболевал и ему требовалась медицинская помощь.

В этот период, в начале 1979 г., вероятно, вследствие длительного напряжения и перегрузок, Сугунанандан попал в больницу и был прооперирован. Больница находилась в Колламе – городе, расположенном в тридцати пяти километрах к югу от Валликкаву. Не было никого, кто мог бы помогать по дому или ухаживать за Сугунананданом в больнице. Все родственники были настроены решительно против него и его семьи. Кастури работала далеко от Идаманнеля. Дамаянти была прикована к постели ревматизмом. Мальчики учились в школе. Всё бремя забот легло на плечи Аммы.

В дни *даршанов* преданные начинали прибывать с часа дня. Уже в четыре часа дня Амма, как правило, садилась исполнять духовные песнопения, после чего следовал *бхава-даршан*, продолжавшийся иногда до восьми или девяти часов утра. Амма не сходила со своего места в храме до тех пор, пока не примет всех. Одновременно она давала предписания духовным искателям, которые приходили к ней за наставлениями. После *даршана* Амма выполняла всю работу по хозяйству так же, как делала это много лет подряд. Она собирала и отправляла всех младших детей в школу. Завершив работу, Амма ехала в Коллам, чтобы привезти Сугунанандану в больницу еду и необходимые вещи. Она старательно ухаживала за ним и добросовестно служила ему на протяжении всей его болезни.

Недоброжелатели были не из тех, кто упускает свой шанс. Когда Амма шла через деревню по пути в Коллам, они насмехались над ней и бросали в нее камни, выкрикивая: «Кришна, Кришна...» Безропотно снося их дерзкое поведение, Амма думала: «Хоть таким образом они повторяют имя Господа». Как-то раз один хулиган даже попытался схватить Амму, но, бросившись на нее, поскользнулся и упал в канаву.

Постепенно здоровье Сугунанандана восстановилось. Однако вскоре после этого в больницу попала Дамаянти, а вслед за ней – Суреш. В этот период именно Амма выполняла всю работу по хозяйству и ухаживала за членами семьи, которые лежали в больнице.

В семье царили хаос и смятение, но Амма в любой ситуации была надежным оплотом, обеспечивая поддержку и хлеб насущный, всегда спокойная и исполненная сострадания. Представьте себе эту ситуацию. Суматоха, вызванная самоубийством Субхагана, отчуждение родственников, враждебность рационалистов, тысячи преданных, стекающихся на *бхава-даршан*, и три незамужние девушки в доме. Неудивительно, что никто не стремился породниться с этим семейством! Если кто-то прибывал издалека с брачным предложением, к тому времени, как он достигал Идаманнеля, его уже успевали «обработать» враждебно настроенные жители деревни и отбить у него охоту делать предложение. Несколько потенциальных женихов быстро пошли на попятный.

Тогда Сугунанандан вновь обратился к Амме: «Из-за *бхава-даршана* я лишился доброго имени. Я не могу даже выйти за пределы Идаманнеля. И жители деревни, и родственники ненавидят меня, а мои дочери не могут выйти замуж. Что мне делать?»

Амма отвечала: «Причиной твоих бед является вовсе не *бхава-даршан*. Всё происходит согласно Божественной воле. Всему свое время. Тебе нет нужды волноваться».

173

На сей раз это не утешило Сугунанандана. Он в сердцах выпалил: «Я выпью яд и умру!» Услышав это, Амма повернулась к изображению Дэви и спросила со слезами на глазах: «О сострадательная Мать, неужели я приношу этим людям только горе?»

Несколько раз Амма принимала решение покинуть Идаманнель и даже начинала делать приготовления к отъезду. Но всякий раз на ее пути загадочным образом возникали препятствия. Сугунанандан вновь обратился к Амме с мучившим его вопросом. Она вновь сказала: «Не беспокойся. Твои дочери в скором времени выйдут замуж».

Не прошло и месяца, как предсказание Аммы сбылось. Сугунамме было сделано предложение, причем оно исходило от семьи, от которой меньше всего этого ожидали. Эта семья была настроена решительно против Аммы, а жених был одним из лидеров движения рационалистов. По иронии судьбы, теперь, когда была достигнута договоренность о браке, Сугунанандан сошел со сцены. Вся ответственность за подготовку свадьбы легла на плечи Аммы. Казалось, ничто не могло поколебать Амму, пребывавшую в состоянии совершенного равновесия, или лишить ее энергии и способности справиться с любым делом. Церемония бракосочетания прошла успешно, несмотря на тот факт, что Сугунанандан был всего лишь пассивным наблюдателем.

Слова Аммы: «Сегодняшний враг – завтрашний друг» – сбылись, как и предсказание в отношении замужества остальных ее сестер.

В языке малаялам есть пословица: «У жасмина, растущего перед домом, нет аромата». Это означает, что человека, ставшего великим и известным, никогда не признает ближайшее окружение. Многие достойные люди испытали истинность этой поговорки на себе. Амма говорит: «Предположим, кто-то слушал по радио красивую песню. Он наслаждался приятной мелодией, когда в комнату вошел его товарищ и сказал: "Ты знаешь, кто поет эту песню? Это наш сосед, Шанкар". Тотчас же тот, кто с удовольствием слушал песню, выключил радио со словами: "Ой, да какой же он певец? Это же ужасно!" Дети, таково отношение людей. Им трудно принять человека, которого они всегда знали и рядом с которым жили». Так было и в случае с Аммой.

Обстоятельства, в которых жила Амма, были далеко не благоприятными. Никто не поддерживал эту девушку из рыбацкой семьи. Поскольку преданные были из разных уголков страны, они не могли ничего сделать против невежественных и некультурных деревенских жителей, которые мучили Амму. Помимо этого, преданные большей частью полагали, что Амма одержима Кришной и Дэви во время *бхава-даршанов*. Они не осознавали глубины и полноты Богореализации Аммы. Более того, большинство преданных в те дни приходили к ней прежде всего с мирскими целями, а не ради духовного совершенствования. Если их желание осуществлялось, они возвращались только тогда, когда появлялось следующее желание. Если же их желание не осуществлялось, то они уже никогда больше не приходили, и их преданность Амме на этом заканчивалась. У Аммы не было ни клочка собственной земли, ни гроша в кармане. Вся родня отстранилась от нее и была настроена враждебно. Члены ее собственной семьи не разделяли ее устремлений. Они никоим образом не помогали ей и не поддерживали ее.

Один преданный как-то раз спросил Амму о безмерности испытаний и невзгод, выпавших на ее долю как в дни *садханы*, так и после нее. Преданный задался вопросом о том, как бы он смог достичь Реализации, если бы ему пришлось пройти через столько страданий, вынести которые он бы вряд ли смог. Амма незамедлительно ответила, что ее собственная жизнь лишь показала, что Бога можно познать даже в наихудших возможных обстоятельствах.

Полагаем, что читателям будет весьма интересно узнать, как Амма возвела *ашрам*[8] посреди этого бушующего шторма. Об этом будет поведано в следующей главе.

[8] Духовный центр.

Глава десятая

Мать бессмертного блаженства

Всегда осознавайте вездесущность Аммы. Верьте, что Сущность Аммы и ваша Сущность – одно и то же. Дети, родившая вас мать может заботиться о том, что относится к этой жизни; в настоящее время даже это большая редкость. Но цель Аммы – вести вас таким образом, чтобы вы могли наслаждаться блаженством во всех ваших будущих жизнях.

Мата Амританандамайи

Мудрости гуру невозможно научиться даже у богов высших миров.

Знание гуру пробуждается в том, кто служит своему гуру с чистейшей любовью.

Гуру-гита, 22

Группа молодых людей

Дети! Прохлада бриза, лучи луны, безграничность пространства и всё сущее в мире – всё это пронизано Божественным сознанием. Познание и опытное переживание этой истины – цель человеческого рождения. В эту темную эпоху группа молодых людей, отрекшись от всего, выступит в поход с целью распространения духовного света по всему миру.

Мата Амританандамайи

Еще в 1976 году к Амме пришел молодой двадцатилетний парень, по имени Унни Кришнан, родом из Алаппада. Он напоминал нищего монаха. Хотя у него были дом и семья, он навещал их лишь изредка. После встречи с Аммой он загорелся желанием вести духовную жизнь. Угадав его стремление, Амма по прошествии года поручила ему проводить ежедневное богослужение в храме и позволила ему остаться подле нее в Идаманнеле. Он проводил дни внутри маленького храма, совершая ежедневное богослужение и повторяя *Шри Лалита Сахасранаму,*[1] согласно предписанию Аммы. Он также занимался другими духовными практиками, читал Священные Писания и слагал духовные стихи. Ночью он спал на веранде храма, используя вместо матраца расстеленное на полу тонкое полотенце. Он был настолько спокойным и тихим, что никто из посетителей не знал, что

---

[1] Тысяча имен Божественной Матери.

он там живет. Так он стал первым постоянным обитателем будущего *ашрама*.

К концу 1978 года сформировалось ядро *ашрама*: группа образованных молодых людей, оставив дом и отрекшись от жизни в миру, приняла прибежище у стоп Аммы, не ставя перед собой никакой иной цели, кроме Богореализации и служения человечеству. Привлеченные притягательной личностью Аммы и ее всеобъемлющей любовью, эти молодые люди загорелись желанием вести духовную жизнь, несмотря на исключительно неблагоприятные условия. Большинство из них были родом из города Харипада[2] и принадлежали к высшему сословию. После встречи с Аммой они пришли к твердому убеждению, что указанный ею путь – наивысшая цель, к которой они могут стремиться в жизни.

В течение одного месяца к Амме пришли Шрикумар, Рамеш Рао, Венугопал, Рамакришнан и Балагопалан (Балу)[3], и все они смиренно попросили ее вести их к избранной цели. Однако Сугунанандан не хотел, чтобы они постоянно жили подле Аммы. Подобное отношение было обусловлено тем, что некоторые его дочери были еще не замужем. Молодые духовные искатели или еще учились в колледже, или работали, за исключением Балу, который только что окончил колледж. Они приходили увидеться с Аммой почти каждый день или через день, продолжая при этом выполнять свои обязанности в миру.

В большинстве случаев внезапное превращение светских молодых людей в духовных искателей вызывало панику у их родных и друзей. Они полагали, что Амма – ведьма, которая навела на юношей колдовские чары. Всегда готовые напакостить Амме, рационалисты воспользовались этим

---

[2] Город, расположенный в 20 км к северу от Валликкаву.
[3] Ныне известные как Свами Пурнамритананда, Свами Амритатмананда, Свами Пранавамритананда, Свами Рамакришнананда и Свами Амритасварупананда Пури соответственно.

поводом. Они начали снабжать средства массовой информации сенсационными историями, чтобы спровоцировать общественную реакцию против Аммы.

Появление в газете сфабрикованных историй вызвало тревогу у молодых духовных искателей и преданных. Когда Амма узнала об их беспокойстве, она рассмеялась и сказала: «Мы – не буквы и слова, напечатанные на листке бумаги. Продолжайте духовную практику, не обращая внимания на подобные пустяки и не тратя времени впустую. Те, кто противодействуют нам сегодня, завтра станут преданными». Время подтвердило абсолютную истинность слов Аммы.

В ноябре того же года в Идаманнель на встречу с Аммой прибыл один студент. Уже первое посещение Аммы произвело в нем большую перемену. Он стал время от времени приходить к Амме, используя для этого любую возможность. Постепенно у него возникло сильное желание оставить мирскую жизнь, и он обратился к Амме за советом, где бы он мог обосноваться для совершения духовной практики, поскольку в те дни Сугунанандан прогонял любого молодого человека, желавшего остаться подле Аммы. Однажды вечером юноше случилось получить нагоняй от Сугунанандана, и тот приказал ему покинуть Идаманнель. С великой болью в сердце молодой человек попросил Амму указать ему подходящее место для продолжения его духовной практики. Она направила его в Тируваннамалай, обитель великого мудреца Раманы Махарши, и предписала ему соблюдать обет молчания в течение сорока одного дня.

Перед уходом юноша спросил: «Амма, если Сугунанандан будет продолжать подобным образом относиться к преданным, как это место когда-либо станет *ашрамом*? Он не добр к тебе и к тем, кто хочет жить подле тебя. Амма, сколько невзгод тебе приходится выносить! Мне больно видеть твои страдания. Неужели нет никого, кто бы позаботился о тебе и твоих нуждах?»

Амма утешила его: «Не беспокойся. После твоего возвращения из Тируваннамалая всё образуется. Там есть люди, которые позаботятся об Амме и будущем *ашраме*. Мои дети из других стран, живущие там, с нетерпением ждут встречи со мной. Придет день, когда Сугунанандан примет тебя радушно и с любовью».

Юноша попросил у Аммы часы, чтобы соблюдать распорядок дня, и четки из рудракши[4] для повторения *мантры*. Амма сказала: «Не проси Амму о таких вещах и даже не думай о них. Истинный духовный искатель никогда не будет двигаться с места. Всё, в чем он нуждается, придет к нему само. Посмотри на паука и питона. Они никогда не гоняются за добычей. Паук спокойно сидит в своей паутине, а маленькие насекомые сами прилетают и запутываются в ней. Обязанность Бога – заботиться о Его преданных. Принеси всё к Его стопам, иди к Аруначале, и всё необходимое придет к тебе само».

С любовью храня образ Аммы в своем сердце и памятуя о ее безграничной любви, юноша отправился в Тируваннамалай на деньги, данные ему другом для этой цели. Достигнув священной обители Господа Шивы, он провел несколько дней в пещере на священной горе Аруначале. Первые два дня он жил на одних листьях и воде. На третий день вечером из-за отсутствия пищи он упал в обморок, громко вскрикнув: «Амма!» В письме Амме он написал: «Было примерно пять часов дня, когда я упал в обморок от голода. Я лежал на горе в полубессознательном состоянии. Именно тогда я ясно услышал голос Аммы: "Мой сын!" Я почувствовал, что кто-то мягко трет мой лоб. Когда я открыл глаза, я увидел Амму, стоящую передо мной в белом одеянии. Это видение вызвало у меня несказанный трепет!»

---

[4] Темно-коричневые семена одноименного дерева, известные своим благотворным физическим и духовным воздействием.

После того, как Амма получила это письмо, преданные поняли, что именно в тот момент в Валликкаву Амма внезапно воскликнула: «О мой сын! - и, повернувшись к сидевшему поблизости преданному, сказала: - Мой сын в Тируваннамалае голодает уже три дня, и только что вскрикнул, желая увидеть меня!» После этого случая он больше не испытывал затруднений с регулярным получением пищи.

Поскольку у юноши не было подходящего места для совершения духовной практики, он проводил дни на горе, а ночью спал у ее подножия. Первым человеком, которого он встретил, спустившись с горы, была девушка из Австралии. Через пару дней он встретил Мадхусудана[5], уроженца острова Реюньон, предки которого были родом из Индии. Все трое чувствовали, что их связывают узы духовной любви. Памятуя о словах Аммы, юноша утвердился в мысли, что оба они – ее дети. Он заговорил с ними об Амме и показал им ее маленькую фотографию. Австралийка была очарована блаженным ликом и лучистыми глазами Аммы.

Хотя девушка регулярно пыталась медитировать, ее не удовлетворяли ее духовные достижения. После того, как она увидела фотографию Аммы и услышала о ее бескорыстной любви и сострадании, она испытала первое духовное переживание. Она описала его следующим образом: «Я увидела внутри себя вспышку света и различила в нем живой образ Аммы. Внезапно изнутри меня раздался крик: "Амма! Амма! Амма!" После этого все мысли стихли, и мой ум погрузился в безмятежность. Когда я открыла глаза и посмотрела на часы, я поняла, что прошло двадцать минут. На протяжении этого времени я не осознавала ничего».

Мадху, желая поделиться счастьем, которое он испытал, слушая рассказы об Амме, представил юношу американцу

---

[5] Ныне известный как Свами Премананда Пури.

по имени Нилу[6], который от природы обладал созерцательным складом ума. Его духовный учитель, прямой ученик Шри Раманы Махарши, скончался четырьмя годами ранее. Выполняя служение своему учителю, Нилу жил в Тируваннамалае в течение последних одиннадцати лет. С некоторых пор он был почти полностью прикован к постели, страдая от острой боли в животе и позвоночнике. Он с трудом мог сидеть или ходить даже в течение нескольких минут. Доктора пребывали в недоумении как в отношении причины болезни, так и в отношении метода ее лечения.

Узнав о том, что юноше трудно найти место для медитации, Нилу предоставил в его распоряжение хижину своего покойного учителя. Юноша рассказал Нилу об Амме, но поначалу тот не проявил особого интереса. Он уже видел многих великих святых и был озабочен лишь тем, чтобы излечиться от своей болезни для продолжения *садханы*. С этой мыслью Нилу попросил юношу отвезти его к Амме после того, как тот исполнит обет молчания. Затем Нилу дал молодому духовному искателю часы и *малу* (четки) из рудракши, полагая, что они могут пригодиться ему для духовной практики. Когда юноша вспомнил слова Аммы о том, что всё придет к нему само, без всякой просьбы, у него на глаза навернулись слезы умиления, и он с твердой решимостью приступил к исполнению своего обета.

Однажды, во время обхода Аруначалы, он заметил высокого светлокожего человека, который шел вдоль горы с группой людей и повторял стихи на тамильском языке. Был день рождения Шри Раманы. Когда юноша взглянул на этого человека, тот тоже посмотрел на него, правда, с некоторой гордыней. Юноша подумал: «Хоть он и гордый, он тоже, по-видимому, сын Аммы». Этот человек оказался духовным

---

[6] Ныне известный как Свами Параматмананда Пури.

искателем из Франции. Впоследствии он приехал к Амме и остался жить подле нее.

После соблюдения сорокаоднодневного обета молчания молодой преданный Аммы, Нилу и еще несколько человек отправились в Валликкаву. Первая встреча Нилу с Аммой была в высшей степени знаменательной[7]. Он сам описывает это так: «Первые четыре дня, которые я провел там, я чувствовал, будто я в раю, таким было блаженство, переживаемое в присутствии Аммы! Однажды вечером, в конце Дэви-бхавы, Амма стояла в дверном проеме храма, а я стоял снаружи, сложив ладони и неотрывно глядя на нее. Меня переполняла радость. Вдруг я увидел, что ее физическая форма исчезла в расширяющемся сиянии, которое распространилось повсюду и охватило всё видимое пространство. Этот всеобъемлющий свет внезапно сжался в ослепительную точку, и я ощутил, будто он проник в меня. В течение трех дней я не мог спать из-за духовного упоения, вызванного этим переживанием. После этого я мог день и ночь думать лишь об Амме. Я решил остаться подле нее до конца жизни, желая получать ее наставления и служить ей».

Нилу вернулся вместе с юношей в Тируваннамалай, чтобы уладить свои дела, а затем приехал в Валликкаву в сопровождении австралийки, которая горячо желала служить Амме. Как ни странно, Сугунанандан радушно принял их всех, словно собственных детей. Впервые за три года болезни Нилу почувствовал некоторое облегчение: теперь он мог достаточно свободно передвигаться и выполнять простую работу.

Вернувшись из Тируваннамалая, Нилу сказал Амме: «Я не хочу уходить отсюда. Я хочу остаться с тобой навсегда как твой смиренный слуга». Амма ответила: «Сын, у меня нет

---

[7] Детальное описание приводится в книге Свами Параматмананды *On the Road to Freedom* («На пути к свободе»).

ни клочка собственной земли. Поговори с отцом. В любом случае нам нужно место для жилья».

Все очень удивились, когда Сугунанандан согласился выделить маленький участок земли, на котором была построена скромная хижина из переплетенных пальмовых листьев. Ее размеры составляли всего 3 на 6 метров. Один угол использовался в качестве кухни для приготовления питья для Аммы, но основная пища по-прежнему готовилась в доме. Хижина служила пристанищем для первых обитателей *ашрама*. Это ознаменовало неофициальное начало духовного центра.

После первой встречи с Аммой Балу ушел из дома и проводил бо́льшую часть времени с Аммой. Ему посчастливилось получить разрешение Сугунанандана остаться в Идаманнеле насовсем. Таким образом, когда Нилу прибыл из Тируваннамалая, чтобы обосноваться в Идаманнеле, Балу тоже поселился там.

Вслед за Нилу и другими преданными к Амме приехали и поселились подле нее Мадху и духовный искатель из Франции, о котором мы уже упоминали. Из глубокой преданности они предложили Амме свое состояние, но она отказалась принять его, сказав: «Если вы обретете чистоту и станете духовно совершенными, это и будет моим богатством. Если человек осознает свою внутреннюю высшую Сущность, он будет видеть Ее во всех и вся. Весь мир станет его собственным».

Однажды ночью человек из соседнего дома разбудил француза, чтобы одолжить у него фонарик. У дочери этого человека случился сильный приступ астмы, и девочку необходимо было срочно доставить в больницу. Через несколько часов этот человек вернулся и отдал фонарик. На следующее утро француз рассказал Амме об этом случае и добавил, что ему хотелось раскроить этому человеку череп за то, что тот потревожил его сон.

Амма отругала его: «Какой же ты духовный искатель? Чего ты добился, ведя духовный образ жизни столько лет перед прибытием сюда? Неужели это и есть плод твоих духовных усилий? Будучи приверженцем пути знания, которым ты, судя по всему, считаешь себя, ты должен видеть во всем свою собственную высшую Сущность. Если это так, то как ты мог разгневаться на того человека? Если бы твою стопу пронзил острый шип, разве ты не почувствовал бы боль и не стал бы всеми силами стараться вытащить его? Представь себе отчаянное стремление того человека избавить дочь от страданий. Необходимо ощущать боль и страдания всех живых существ как свои собственные. Лишь тогда твой ум расширится и станет подобен небесам, которые объемлют всё без исключения. Для этого твой ум должен стать невинным, подобно уму ребенка, а это возможно лишь благодаря чистой преданности Богу».

Француз насмешливо ответил: «Преданность не приносит никакого интеллектуального удовлетворения. Следовать путем преданности – признак слабости. К чему все эти эмоциональные проявления: плач, пение и прочее? Это не по мне. Шри Рамана никогда не предписывал пути преданности. Он предписывал своим последователям лишь путь знания. Я предпочитаю путь знания, поскольку он апеллирует к интеллекту. Он более убедителен». Вот какое искаженное представление о преданности было у этого духовного искателя в тот период, когда он пришел к Амме.

Амма с улыбкой возразила: «Я только что видела результат, которого ты добился, следуя путем знания. Если это и есть плод твоих усилий, тебе нет нужды пытаться вести жизнь, исполненную самопожертвования и самоотречения. Ты можешь с таким же успехом наслаждаться всеми чувственными удовольствиями! Разве ты прочел все труды Шри Раманы и все его наставления, записанные другими? Если нет, то, пожалуйста, сделай это, ибо среди них есть много произведений, исполненных преданности. Сам Шри Рамана, по сути, был воплощением преданности Господу Аруначале. При одном упоминании этого имени у него на глаза наворачивались слезы Божественной любви. Преданность – это не признак умственной слабости, как ты, судя по всему, полагаешь. Это величайшее достижение, на которое способен человек. Это значит – видеть Бога во всех существах равным образом; это чистая любовь лишенного эго Бытия. Сын, тебе следует взращивать в себе любовь».

Не вняв словам Аммы, француз уехал в Тируваннамалай. К своему изумлению, он случайно наткнулся там на работу Шри Раманы, посвященную преданности. Когда он вспомнил слова Аммы, его переполнило чувство любви, и он зарыдал. Он взмолился к Амме, чтобы она позвала его назад и позволила остаться в ее святом присутствии. Именно в это время Амма, угадав его состояние, написала ему письмо и пригласила вернуться. Ясно осознав ее величие, он смиренно предался ее воле.

До того, как прийти к Амме, Мадху встречался со многими святыми, но при первой же встрече с ней он почувствовал, что достиг цели своего путешествия. Посвятив сердце и душу Амме, Мадху начал собирать все существующие комментарии к Бхагавадгите и переводить их на французский язык для духовного роста французских искателей истины. Вдохновленный Аммой, он стал распространять весть о ее духовной миссии на своем родном острове Реюньоне и построил там прекрасный *ашрам*, посвященный ей. По благословению Аммы он помог многим людям встать на духовный путь.

В тот период Амма чаще всего проводила ночи на открытом воздухе, поэтому все остальные предпочитали спать под кокосовыми пальмами на песке. Даже если Амме случалось прилечь в хижине, к полуночи она вставала и выходила на улицу, чтобы лечь на открытом воздухе. Амма спала очень мало, ела совсем чуть-чуть и отдавала всю себя служению людям. Несмотря на то, что она сидела в храме, принимая преданных три раза в неделю в течение всей ночи, она и днем всегда находила возможность уделить внимание преданным и дать наставления духовным искателям, просившим ее руководства.

Поначалу у Нилу и австралийки было много языковых проблем. Они всегда прибегали к помощи Балу, чтобы пообщаться с Аммой, но вскоре начали сами осваивать язык Аммы, малаялам. В этот период Балу выпала большая удача служить Амме, поскольку больше некому было позаботиться о ее нуждах.

Однажды Сугунанандан грубо заявил, что не желает кормить *сайппу* (иностранцев). После этого австралийка начала готовить пищу в хижине для Аммы, Нилу, Балу и себя. Амма почти ничего не ела. Иногда, по настоянию Нилу или Балу, она что-то съедала, но только для видимости.

Однажды Нилу упорно настаивал, чтобы Амма поела. В конце концов она сказала: «Хорошо, я поем. Принесите чего-нибудь». Нилу немедленно принес Амме тарелку еды. Удивительным образом она проглотила всё в мгновение ока. Нилу подал Амме новую порцию. Она также была поглощена в два счета. Амма с ожиданием смотрела на Нилу, не двигаясь с места. Еду подали снова. Она также была уничтожена. Амма всё ела и ела, но, что бы ей ни подавали, казалось, что она не удовлетворена! Нилу и его товарищи переглядывались в изумлении. Принесли еще еды из близлежащего кафе. Она также была незамедлительно проглочена Аммой. Нилу выдохся. Он побледнел. После этого он уже никогда не настаивал, чтобы Амма поела.

В этот период вновь обострились семейные проблемы. После свадьбы Сугунаммы прошло всего два месяца, когда Сугунанандан торопливо заключил договоренность о браке двух других дочерей. Не спросив ничьего согласия, он устроил брак старшей дочери, Кастури. Даже Амме сообщили об этом лишь после того, как о согласии Сугунанандана известили сторону жениха.

Вопрос заключался в том, как сыграть свадьбу при отсутствии денег. У Сугунанандана не было никакого дохода. В этот момент Сугунанандан, по своей привычке, сошел со сцены. Амма была невозмутима. Наблюдая это, Балу очень опечалился и спросил: «Амма, что делать? Как проводить церемонию бракосочетания?» Нилу сказал: «Амма, я отдам всё, что у меня есть. Долг ученика – заботиться о своем *гуру* и исполнять его обязанности. У меня нет ничего, что я мог бы назвать моим собственным: всё, что у меня есть, принадлежит Амме. Поэтому, пожалуйста, возьми на свадьбу Кастури деньги, которые имеются в моем распоряжении».

Амма ответила: «После бракосочетания молодые люди будут вести мирской образ жизни. Имеющееся у тебя достояние предназначено для духовности. Оно должно быть потрачено только на праведные цели. Если отдать его мирянам, они впадут в грех. Это плохо отразится как на нас, так и на нашем пути. Если Бог подвиг отца договориться о браке, пусть Бог проведет бракосочетание. Мы не должны уделять этому внимание. Сугунанандан не слишком обеспокоен этим, так почему мы должны волноваться? Дети, мы не должны ломать голову над этим вопросом».

Хотя Сугунанандан спешил устроить брак, когда дело дошло до таких важных вопросов, как финансы, он оказался пассивным наблюдателем. Амма начала организовывать всё необходимое, не говоря ни слова. Когда Балу увидел это, ему стало больно на душе, и он сказал Амме: «Я принесу из дома свое наследственное имущество». Амма наотрез отказалась. Тогда Балу написал нескольким близким преданным, прося о финансовой помощи. Позже, когда Амма узнала об этом, она отругала его и сказала: «Сын, давай сохранять спокойствие. Нам незачем волноваться».

В конце концов, каким-то чудесным образом всё устроилось, как и предвидела Амма. Таким образом, в середине сентября 1980 года Кастури выдали замуж.

Не прошло и трех месяцев, как Сугунанандан заключил предварительную договоренность о браке Саджани. Сделав это, он вновь отстранился и предоставил решение всех трудных проблем Амме.

Балу уже не был огорчен – он был разгневан. Амма была тоже недовольна этим поступком Сугунанандана, свидетельствовавшим о его недостаточной проницательности. Хотя Амма и была раздосадована, она сохраняла спокойствие и эффективно выполняла свою задачу. Амма настаивала, что средства, отложенные на праведные цели, должны оставаться в неприкосновенности. При этом она не позволяла занимать деньги. Что же оставалось делать?

В этот момент в Идаманнель из дома мужа из-за некоторых семейных разногласий вернулась Кастури. Узнав, что нужны золотые украшения, она сказала: «Вы можете взять мои украшения, чтобы провести церемонию бракосочетания Саджани. Меня вполне устроит, если вы вернете их позже».

Однако трудности, сопряженные с этой заключительной свадьбой, на этом не закончились. Некоторые из местных преданных поставили Сугунанандану в упрек, что он заключил брачный союз с бывшими врагами. Разве сыновья доброжелателей и преданных недостаточно хороши для него? Некоторые юноши, которые были близкими друзьями Субхагана, желали жениться на дочерях Сугунанандана. Теперь они ополчились против него. Таким образом, когда враги стали родственниками, те, кто были друзьями, стали врагами. Они приходили скандалить с Сугунананданом и сговорились всячески препятствовать заключению брака Саджани. В надежде расстроить брак они стали распространять грязные измышления и довели их до сведения жениха.

Даже за день перед свадьбой никто не был уверен, что брак будет заключен.

В день свадьбы Амма отвела *брахмачаринов* в соседний дом. Во время двух предыдущих церемоний бракосочетания она делала то же самое. Это делалось для блага самих *брахмачаринов*, которые не должны посещать подобные церемонии.

Амма объяснила это следующим образом: «Духовный искатель не должен ходить на свадьбы и похороны. На свадьбе все будут думать о браке, который является неволей. На похоронах все скорбят о потере смертного существа. В обоих случаях люди сосредоточивают внимание на том, что не вечно. Такие мыслительные волны причинят вред духовному искателю. Мирские вибрации проникнут в подсознание. Искатель начнет беспокоиться из-за нереального».

Таким образом, главное препятствие для постоянного проживания *брахмачаринов* в присутствии Аммы было устранено. Все три дочери Сугунанандана теперь были выданы замуж. И это еще не всё: злодеи и рационалисты, признав полное поражение, сдавали позиции один за другим. Некоторые из них поняли, что их неразумные действия бессмысленны, и навсегда покинули организацию. Оставшиеся члены начали бороться друг с другом, в результате чего «Комитет по устранению слепых верований» прекратил свое существование. Те, кто пришли бороться против истины и праведности, встали на путь, ведущий к их собственной гибели. Это ознаменовало начало нового этапа в духовном служении Аммы, направленном на утешение и духовный подъем страждущего человечества.

Отношение Аммы ко всем тяжким испытаниям, которым ее многие годы подвергали родственники и недоброжелатели, уникально. Однажды она сказала следующее: «Они говорили и вели себя подобным образом из-за ложных представлений, а также из-за того, что не могли осознать значение и суть духовной жизни. Раз это так, почему мы должны сердиться на них или испытывать к ним неприязнь? Это было бы проявлением нашего невежества, и в результате мы только запятнали бы наши умы. Посмотрите на эти свежие розы. Как они прекрасны! Какой чудесный аромат они источают! Но что мы даем им, чтобы они росли? Всего лишь немного использованной заварки и коровьего навоза! Какая огромная разница между этими прекрасными цветами и применяемыми для них удобрениями! Разве такой красоте и такому благоуханию подобает такое удобрение, как навоз? Препятствия – это удобрение, которое помогает нам становиться сильнее духовно. Препятствия помогают нашим сердцам расцвести и полностью раскрыться. Стрекотать ночью – природа сверчков, но этот звук не нарушает ничьего сна. Создавать неприятности – природа невежественных. Поэтому нам следует молить Бога, чтобы он простил их и направил на праведный путь. Посвятите всё Богу, и Он будет заботиться о вас».

Мать бессмертного блаженства

Благодаря тому, что Сугунанандан, выдав замуж дочерей, пребывал в относительном спокойствии, у первой группы *брахмачаринов* появилась возможность поселиться у стоп Аммы. *Брахмачарины*, пламенно стремившиеся находиться подле Аммы, не обращали внимания на то, что пищи, одежды и крова едва хватало. Бо́льшую часть времени им приходилось жить на открытом воздухе и спать на голой земле. Всё, что они получали, приходило само и делилось между ними. Если кому-то из них необходимо было посетить какое-то место, он шел туда пешком, поскольку у них не было денег. Несмотря на то, что каждый из них имел всего один комплект одежды, они как-то научились обходиться этим.

Придя однажды в некоторое уныние из-за того, что его единственный комплект одежды был грязным и поношенным, один из *брахмачаринов* пожаловался Амме на нехватку предметов первой необходимости. Амма ответила: «Сын, не проси Бога о таких мелочах. Предайся Его воле, и Он даст тебе всё то, в чем ты действительно нуждаешься». Амма сама жила в соответствии с этим принципом, поэтому ее слова были основаны на ее собственном опыте. На следующий же день один преданный принес по новому комплекту одежды для всех *брахмачаринов*, хоть он ничего и не знал об их положении.

Благодаря тем суровым условиям, в которых эти молодые люди жили в ранние дни *ашрама*, они прошли хорошую школу самоотречения. Чтобы вселить в них мужество, Амма сказала им: «Если вы сможете выстоять здесь, то везде будете чувствовать себя как дома. Если вы сумеете преодолеть любую неблагоприятную ситуацию сейчас, то в будущем легко справитесь с любым кризисом или сложной жизненной проблемой».

Поскольку число преданных и проживающих на постоянной основе *брахмачаринов* продолжало увеличиваться, а даже самого необходимого по-прежнему не хватало, родилась идея официальной регистрации *ашрама*. Однако эта идея не казалась многообещающей. У Аммы не было ни земли, ни денег. Даже та земля, где Нилу построил хижину, принадлежала Сугунанандану. Хоть он и дал разрешение Нилу, Балу и некоторым другим жить в Идаманнеле на постоянной основе, он никогда не помышлял о том, что его дом со временем станет *ашрамом*. Мысль о размещении всё большего и большего количества людей тоже его не прельщала. Однажды, когда Амма обсуждала идею *ашрама*, он ясно выразил свое отношение к этой затее, раздраженно заявив: «Что?! Разве у нас большое имение и куча денег? Как содержать *ашрам*? Куда нам (семье) идти, если здесь будет *ашрам*? Нет! Я не дам согласия на регистрацию здесь *ашрама*!»

Первоначально Амма также не была сторонницей идеи создания официального *ашрама*. Когда группа преданных пришла к ней с этим предложением, она ответила: «Амма много наслышана об *"ашрамах"*. Амме не нужен *ашрам*. Разве это не неволя? Разве вы не видели хироманта, идущего с запертым в клетке попугаем[8]? В конце концов Амма окажется в схожем положении. Я не могу так. У Аммы есть собственная свобода. Эту свободу ничто не должно ограничивать».

Но поток преданных и учеников продолжал увеличиваться, поэтому создание организованного *ашрама* вскоре стало насущной необходимостью. Кроме того, согласно индийским законам, иностранным ученикам Аммы было запрещено проживать в частном доме в течение длительного времени. Теперь Амма сама убедилась в необходимости создания признанного властями духовного центра. Когда Амму спросили, как осуществить это начинание, она с озорным блеском в глазах ответила: «В любом случае члены семьи не будут учреждать *ашрам*. У них другая *самскара*[9]. Давайте не будем ждать их разрешения – они всё равно никогда нас не поддержат. Но нам наверняка придется выслушать изрядное количество упреков!»

Таким образом, 6 мая 1981 года, в соответствии с Литературным и благотворительным актом штата Траванкур-Кочин 1955 года, в г. Колламе, штат Керала Южной Индии, были основаны и зарегистрированы Матх и Траст Миссии Маты Амританандамайи, целью которых является сохранение и распространение идеалов и учения Аммы. Тогда же Амма официально приняла имя Мата Амританандамайи, данное ей одним из ее *брахмачаринов*. Это имя действительно подходило ей, ведь она уже была – как и указывает ее имя – Матерью бессмертного блаженства.

---

[8] Птица лишена свободы ради удовлетворения чьих-то прихотей.

[9] Умственная предрасположенность.

195

Примерно в это же время один из *брахмачаринов*, которому были нужны некоторые духовные книги, попросил Амму выбрать для него номер в лотерее, в которой разыгрывались книги. Амма сказала ему: «К чему тебе это? Скоро у тебя будет множество книг». Вскоре после этого случая Нилу, переехавший жить к Амме из Тируваннамалая, решил перевезти в *ашрам* в Валликкаву свою библиотеку, состоявшую из более чем двух тысяч книг на английском и различных индийских языках. Так было положено начало библиотеке *ашрама*.

27 августа 1982 года была основана школа веданты для передачи традиционных знаний веданты [10] и санскрита обитателям *ашрама*. Тем не менее Амма всегда напоминает *брахмачаринам* о важности медитации и недостаточности простого изучения книг. Если кто-то хочет посвящать всё свое время медитации, это всячески поощряется, и несколько обитателей *ашрама* следуют этой практике. Амма говорит: «Священные Писания – это всего лишь указатели. Это лишь средства, а не сама цель. Цель находится за их пределами. Студент-агроном знает, как сеять семена, когда и как вносить удобрения, как избавляться от вредителей, предотвращать их возвращение и т.д. Подобным образом, изучая Священные Писания, мы узнаем, как совершать духовную практику».

Следует сказать несколько слов об огромной перемене, произошедшей с семьей Аммы и жителями деревни. Признав божественность Аммы, они теперь испытывают гордость за то, что связаны с ней узами родства или живут с ней в одной деревне. Сугунанандан и Дамаянти часто недоумевают, какие добродетельные поступки они совершили в прошлых жизнях, чтобы стать «родителями» Самой Божественной

---

[10] Букв. «завершение Вед». Философия заключительной части Вед, Упанишад, согласно которой индивидуальная душа, Бог и Вселенная по существу едины.

Матери! Теперь они образцовые домохозяева, которые с любовью играют роль отца и матери для всех живущих в *ашраме брахмачаринов*, относясь к ним, как к собственным детям.

Сегодня Матх и Траст Миссии Маты Амританандамайи – это растущий духовный центр, возглавляемый Аммой, которая очень внимательно следит за тем, чтобы он управлялся в соответствии с древними традициями священной индийской земли. Вся работа в *ашраме* выполняется его обитателями, каждый из которых уделяет по крайней мере один час в день выполнению таких обязанностей, как приготовление пищи, уборка, уход за коровами и т.д. Многочисленные преданные Аммы считают *ашрам* своим духовным домом и благодатным полем, где могут в изобилии взращиваться благородные духовные качества и пожинаться плоды Богореализации.

Откликаясь на многочисленные просьбы духовных искателей из других стран, Амма совершила первое мировое турне в мае-августе 1987 года. Она посетила многие города США и Европы. Результаты были чудесными. Амма вдохновила и преобразила многих людей, которые ощутили ее уникальное духовное обаяние и вселенскую любовь. В декабре 1987 года Амма посетила острова Реюньон и Маврикий по просьбе Центра Миссии Маты Амританандамайи, который действовал там с 1985 года под руководством одного из ее учеников. С тех пор Амма совершает мировые турне каждый год. Кроме того, прекрасный жилой центр для духовных практик – Центр Маты Амританандамайи – появился в сорока пяти минутах езды от Сан-Франциско, штат Калифорния.

Тем благословенным душам, которые находят путь к Амме и оказываются в ее святом присутствии, она милостиво советует:

«Созерцая глыбу камня, скульптор видит лишь скрытую в ней прекрасную форму, не обращая внимания на грубую внешнюю оболочку. Так и познавшая Бога Душа видит лишь вечно сияющий *Атман* (высшее "Я", или высшую Сущность), во всех без исключения, не обращая внимания на внешние различия. Алкоголик не может агитировать за запрещение алкогольных напитков. Вначале ему самому следует бросить пить, и только после этого он может призывать других сделать то же самое. Дети мои, только после того, как вы сами станете нравственно и духовно совершенными и будете видеть божественность во всех, вы сможете учить других становиться такими же».

Пусть это жизнеописание Аммы будет завершено ее полным любви призывом ко всему человечеству:

«Приходите скорее, мои дорогие дети,
являющиеся Божественной сущностью "Ом".
Устраняя все страдания, растите,
чтобы стать достойными восхищения,
и слейтесь со священным "Ом"!»

Глава одиннадцатая

Значение Божественных бхав

Атман, или высшая Сущность, которая
есть во мне, есть также и в вас. Если вы
сможете познать тот неделимый Принцип,
который вечно сияет в вас, вы станете Тем.

Мата Амританандамайи

Божественные Кришна- и Дэви-бхавы Аммы находятся за пределами интеллектуального понимания, и всё же их тщательное осмысление позволяет нам составить некоторое представление о беспредельной духовной силе Аммы. Откликаясь на искренний зов преданного, совершенный Учитель медленно открывает сердцу преданного свои бесконечные свойства. По мере углубления процесса очищения, величие гуру, которое суть не что иное, как истинная природа ученика или преданного, будет постепенно раскрываться милостью Учителя. Милость – это, конечно же, первоочередное условие для начала постижения значения Божественных состояний сознания Аммы.

Во время Кришна- и Дэви-бхав Амма открывает То, что пребывает внутри нее, и являет Божественные Существа, чтобы благословить своих преданных. Амма однажды сказала о *бхавах* следующее: «Во время бхав Амма не проявляет и малой части своей духовной силы. Если бы эта сила была проявлена полностью, никто не смог бы и близко подойти!»

Она продолжает: «Все божества индуистского пантеона, олицетворяющие бесчисленные аспекты единого высшего Существа, пребывают внутри нас. Божественное воплощение может являть любой из этих аспектов на благо мира посредством простого волеизъявления. Кришна-бхава – это явление Пуруши, или аспекта чистого сознания, а Дэви-бхава – явление вечного женского начала, Создательницы, активного принципа безличного Абсолюта. Перед вами безумная девушка, которая облачается в одеяние Кришны, а через некоторое время – в одеяние Дэви, но оба они пребывают внутри этой безумной девушки. Однако следует помнить, что все имеющие имя или форму объекты – это всего лишь умственные проекции. Почему украшают слона? Почему адвокат носит черную мантию, а полицейский – униформу и фуражку? Всё это лишь внешние средства, предназначенные для того, чтобы создавать определенное впечатление. Подобным образом Амма облачается в одеяние Кришны и Дэви, чтобы люди, приходящие на *даршан*, более глубоко ощущали преданность Богу. *Атман*, или высшая Сущность, которая есть во мне, есть также и в вас. Если вы сможете осознать тот неделимый Принцип, который вечно сияет в вас, вы станете Тем».

Даже сейчас некоторые люди полагают, что Господь Кришна и Дэви посещают тело Аммы три ночи в неделю, после чего покидают его. Это заблуждение обусловлено неправильным пониманием Божественных состояний сознания Аммы. Эти Божественные *бхавы* – не что иное, как внешнее проявление ее непрерывного единства с Всевышним. Они не имеют ничего общего с одержимостью или Божественной милостью в обычном понимании.

Отвечая на вопросы преданных, Амма прояснила многое из того, что связано с *бхавами*:

Преданный:

– Многие преданные говорят, что Амма во время Божественных *бхав* и в остальное время – одна и та же. Если это так, то в чем смысл *бхав*?

Амма:

– Во время *бхава-даршана* Амма, так сказать, устраняет два-три слоя или покрова, чтобы преданные могли воспринять проблеск высшей Реальности. У разных людей разная вера. Амма хочет тем или иным образом помочь людям приблизиться к Богу. Некоторые проявляют интерес только тогда, когда видят Амму в наряде Дэви или Кришны. Более того, очень немногие люди обладают духовным знанием. Некоторым трудно поверить в слова Аммы, сказанные в обычное время, но если Амма говорит то же самое во время Дэви-бхавы, они верят.

Преданный:

– Амма, существует ли какое-то особое время для явления этой *бхавы*?

Амма:

– Нет. Она может быть явлена в любое время. Достаточно простого волеизъявления.

Преданный:

– Амма, почему ты облачаешься в наряды Кришны и Дэви?

Амма:

– Это помогает людям помнить, что такое *бхава*. Дитя, каждое облачение имеет свой смысл. Мы рождаемся нагими. Затем мы начинаем носить разную одежду, в зависимости от обычаев страны, в которой мы живем. Каким бы ни было одеяние, человек остается одним и тем же. В наш век люди придают большое значение одежде. Амма разъяснит это с помощью следующей истории. Один человек рубил дерево, росшее на обочине дороги. Другой человек, случайно увидевший это, сказал: «Перестань рубить дерево! Это неправильно и противозаконно». Первый не только не перестал рубить, но еще и осыпал второго грубой руганью. Человек, пытавшийся помешать хулигану срубить дерево, был полицейским. Он ушел, но вскоре вернулся в униформе. Одного вида появившейся вдалеке фуражки полицейского было достаточно, чтобы заставить хулигана пуститься наутек. Видишь, каким разным было воздействие, когда он пришел в обычной одежде, а затем в униформе. Поэтому специальное одеяние необходимо, чтобы учить невежественных людей. То же самое справедливо и в отношении нарядов, используемых для Кришна- и Дэви-бхав. Некоторые люди, которые чувствуют себя неудовлетворенными даже после многочасовой беседы с Аммой, будут полностью удовлетворены за пару секунд общения с ней во время *бхава-даршана*. Они почувствуют облегчение, высказав всё, что их тревожит, непосредственно Богу.

Все воплощения Бога уникальны. Нельзя говорить, что Кришна был более великим, чем Рама, что Рама был более великим, чем Будда. У каждого из них была своя задача, и каждый использовал подходящие средства для духовного подъема человечества. Но это не означает, что у них было разное представление о жизни. Их действия не могут оцениваться с помощью мерила нашего ограниченного интеллекта и логики. Пожалуй, мы можем уловить проблеск их величия посредством чистой интуиции, рожденной духовной практикой. Духовные переживания, полученные тысячами преданных через Амму, проливают свет на необъяснимую духовную силу этой Великой Души. На следующих страницах мы поделимся с читателем некоторыми из Божественных переживаний преданных Аммы, поведанных ими самими.

Глава двенадцатая

Жизненный опыт духовных подвижников

Я увидел девушку в белом одеянии, поющую песни, полные любви и преданности Богу. Слушая ее пение, я чувствовал, что ее сердце переполняется Божественным блаженством и любовью. Вибрации ее пения проникли в мое сердце, пробудив во мне самые нежные чувства.

Свами Амритасварупананда Пури

Унникришнан (Свами Турьямритананда Пури)

Унникришнан был первым духовным искателем, которому посчастливилось встретиться с Аммой и пребывать с ней долгое время. Он закончил всего шесть классов школы. Его жизнь красноречиво свидетельствует о доброте и милости Аммы, показывая, что милостью гуру даже малообразованный юноша может стать прекрасным поэтом.

После завершения своего недолгого обучения в школе молодой Унни странствовал и занимался разнообразной деятельностью. В 1976 году, когда ему было двадцать лет, он услышал об Амме и пришел увидеться с ней. С первой же встречи он почувствовал глубокую веру и преданность по отношению к Амме и стал часто приходить к ней, обращаясь за советами. Так прошел год. Однажды Амма попросила его остаться подле нее, чтобы совершать ежедневное богослужение в храме. Она предписала ему каждый день повторять *Лалита Сахасранаму*[1].

С этого момента жизнь Унникришнана полностью изменилась. Одного присутствия Аммы было достаточно, чтобы вселить в него пламенное стремление познать Истину. Он вел строгий, аскетический образ жизни и проводил дни, совершая религиозные обряды, беседуя с Аммой, читая Священные Писания и занимаясь другой духовной деятельностью. В результате он постепенно осознал, что Амма, которую он видел и на *бхава-даршанах* во всей ее славе, и в ее более обычных состояниях сознания, была двумя аспектами одной и той же беспредельной Божественной силы, являемыми на благо мира. Это озарение еще сильнее укрепило его намерение совершать духовную практику, и он полностью посвятил себя служению Амме, считая ее своей единственной опорой в жизни. С течением времени его духовные подвиги стали еще более суровыми; он стал есть, спать и говорить всё меньше и меньше. Иногда он постился в течение нескольких недель без перерыва. Он спал на голой земле, не имея даже одеяла, чтобы укрыться в холодное и дождливое время года. Если ему случалось отправиться в паломничество, он проходил весь путь пешком, не пользуясь никакими транспортными средствами.

Однажды, охваченный глубоким душевным волнением, он со слезами на глазах спросил Амму: «Кто моя истинная мать?» Посмотрев на него с безграничной нежностью, Амма положила его голову к себе на колени и ответила: «Дитя мое, ты – мой сын, а я – твоя мать». Унникришнана захлестнул

---

[1] Тысяча имен Божественной Матери.

поток невыразимого блаженства, поднимавшегося из глубины его существа. Не говоря ни слова, он неотрывно смотрел на сияющее лицо Аммы и плакал от радости.

Бесконечной милостью Аммы Унникришнан стал прекрасным поэтом, произведения которого несут в себе глубокие философские истины и полны любви к Богу. Однажды, когда родители Унникришнана прислали нескольких родственников, чтобы вернуть его домой, он ответил им следующим трогательным стихотворением:

> Оставив отчий дом давным-давно,
> Как я могу теперь вести мирскую жизнь
> И сохранять при том покой ума?
> Какой же смысл в таком существовании
> С далеких незапамятных времен?
>
> Когда освободиться я стараюсь
> От полного безумства мира,
> Зачем толкаете меня на путь глупцов,
> Ведущий прямо к рабству нищих?
> Ужели я могу хотеть такой судьбы?

Вспоминая о своей первой встрече с Аммой, Унни повествует о ней следующим образом:

Акалатте ковилил

> В далеком храме неугасимое горело пламя.
> В том храме пребывала
> Бесконечно сострадательная Мать.
> Путеводною звездой Она была
> Для тех несчастных, что во тьме блуждают.
>
> Однажды я забрел в тот храм,
> И милостиво Мать меня позвала.
> Дверь отворив, ведущую к святыне,
> Мне нанесла на лоб сандаловую пасту.

В прекрасных песнях Богу вознося хвалу,
Она нашла мне место на Своей руке святой и мягкой.
Склонившись, это дивное виденье
Мне ласково на ухо прошептало:

«К чему же плакать? Разве ты не знаешь,
Что к Матери Вселенной ты пришел?»
Со вздохом пробудился я, но дивный лик Ее
В моем сознании отпечатался навечно.

Однажды, когда Унникришнан испытывал внутренний конфликт, он постился в течение нескольких недель. Когда Амма узнала об этом, она тоже перестала есть и пить. Унни, ничего не зная о ее посте, продолжал соблюдать свой обет. Спустя несколько дней, когда он совершал ежедневный обряд богослужения, отец Аммы отругал его за то, что он ничего не ест и заставляет голодать Амму. Вскоре после завершения ритуала Унни с тяжелым сердцем и полными слез глазами пришел к двери, ведущей в хижину Аммы. Подозвав его к себе, она с великой любовью приласкала его и, глядя на его дрожащее тело, сказала: «Унни, сын мой, если ты испытываешь какое-то внутреннее волнение, ты должен прийти и рассказать об этом Амме. Не мучай так свое тело. Тело необходимо, чтобы совершать духовную практику. Ешь, по крайней мере, для поддержания тела». Сказав это, она попросила тарелку риса и накормила Унни из собственных рук, сама вкушая из той же тарелки.

Прожив несколько месяцев в *ашраме*, Унни, который по натуре был странствующим монахом, решил уйти. Никому ничего не сказав, он собрался в путь. Когда он был готов покинуть *ашрам* в ночь *даршана*, к нему неожиданно пришел человек от Аммы и сказал: «Амма говорит, что, хоть ты и собрался в путь, тебе не следует уходить сейчас». Не в силах ослушаться, Унни отменил свое путешествие. Некоторое время спустя он попытался уйти снова, но произошло то же самое. Наконец он все-таки ушел, но был вынужден вернуться через два дня. Так он убедился в том, что ничего не может сделать без ведома и благословения Аммы.

Амма однажды сказала, что «песни Унни проистекают из его медитации». Может ли быть признание выше этого? Далее приводится перевод двух его песен:

Скитался я в далекой стороне,
Груз тягот и скорбей неся безмерный,
И, наконец, благая Мать, пришел к Тебе,
К Твоим святым стопам припал смиренно.

Ужели чистою, священною водою
Твоей любви, не знающей предела,
О сострадательная Матерь, Ты не смоешь
Всю горечь, что на сердце накипела?

Не думай, что я грешник беспросветный,
Ведь Ты одна – опора и отрада,
А глаз Твоих нежнейшим лунным светом
Ты приласкай тоскующее чадо.

Отбросив тяжкую обузу мыслей,
Позволь мне рядом медитировать с Тобою,
О восхваляемая в Ведах и Веданте,
О Мать богов, молю: пребудь со мною!

Исполни же заветное желанье
И истинного «Я» даруй познанье.
О Мать, когда ж придет то время,
Когда, забыв о вкусе наслаждений,
Сольюсь с Твоими я священными стопами?

Балу (Свами Амритасварупананда Пури)

Балу рассказывает о том, как он на своем опыте испытал милость Аммы:

«После сдачи бакалаврских экзаменов я услышал о девушке, наделённой сверхъестественными силами, которая являлась в образе Дэви и Кришны. Несмотря на то, что я был глубоко верующим человеком, у меня не возникло особого желания увидеться с ней. Некоторые из моих родственников и друзей, которые посещали её раньше, очень высоко отзывались о ней и настаивали, чтобы я посетил её *ашрам*. Наконец, однажды вечером, скептически настроенный, я прибыл в *ашрам* в сопровождении дяди. Когда я подходил к *ашраму*, моё внимание привлекла проникновенная мелодия духовной песни. Приблизившись к маленькому храму, я увидел девушку в белом одеянии, поющую песни, полные любви и преданности Богу. Слушая её пение, я чувствовал, что её сердце переполняется Божественным блаженством и любовью. Вибрации её пения проникли в моё сердце, пробудив во мне самые нежные чувства.

Когда настала моя очередь, я вошёл в храм, где она сидела на *питхаме* (сиденье). Я простёрся перед ней, а когда поднялся, она взяла меня за руку и заглянула мне в глаза. Её глаза сияли подобно полной луне. Этот взгляд пронзил меня, эта улыбка сковала меня и сделала неподвижным. Её лицо выражало бесконечное сострадание. Она медленно положила мою голову к себе на плечо и мягко, но значительно сказала: "Дитя, я – твоя мать, а ты – моё дитя". Её нежный голос проник глубоко в моё сердце, и меня охватила неизъяснимая радость. Это было именно то, что я искал! Слёзы покатились у меня из глаз. В её образе воплотились любовь во всей её чистоте, Материнство в его универсальной сущности. Словно заворожённый, я просидел около Аммы всю ночь.

Вернувшись домой, я осознал, что во мне произошла большая перемена. Я стал полностью безразличен к своей обычной деятельности. Желание вновь увидеть Амму становилось всё сильнее. Все мои мысли были сосредоточены на ней. Той ночью я не мог спать. Всякий раз, когда я пытался закрыть глаза, передо мной появлялась Амма. На следующий день я вернулся в *ашрам*. После второй встречи с Аммой мое желание разорвать оковы мирской жизни еще более окрепло. Думая об Амме, я словно обезумел. Я забывал есть, спать и принимать ванну. Я перестал модно одеваться и причесываться. Мои родители и другие члены семьи были обеспокоены произошедшей со мной переменой и запретили мне посещать Валликкаву.

На следующий день я принимал участие в исполнении *бхаджанов,* а затем вошел в храм с твердым намерением: "Амма, если я – твое дитя, пожалуйста, прими меня". Положив мою голову к себе на плечо, Амма с любовью сказала: "Сын, когда Амма услышала твое пение, она поняла, что этот голос предназначен для слияния с Богом. В тот момент Амма пришла к тебе и сделала тебя единым с ней. Ты мой родной".

Однажды ночью, находясь в состоянии полусна, я уловил необычный сладостный аромат. Открыв глаза, я понял, что аромат существует в действительности, а не является сном или плодом моего воображения. Внезапно я почувствовал, что кто-то гладит меня по лбу. Подняв глаза, я с изумлением увидел Амму, стоящую у изголовья моей кровати. Я не мог поверить своим глазам. Она улыбнулась мне и сказала: "Сын мой, не волнуйся, Амма всегда с тобой". Сказав это, она исчезла.

На следующее утро я примчался в Валликкаву, но Аммы там не было. Она вернулась только в четыре часа пополудни. Не говоря ни слова, она побежала в дом и вынесла тарелку риса, которым стала кормить меня, как мать сына. При этом она сказала: "Этой ночью Амма приходила к тебе". Меня переполнило ощущение счастья, и я заплакал, как маленький ребенок. На самом деле, я еще ничего не ел в тот день.

После того как Амма дала мне посвящение в *мантру,* я не мог долее оставаться дома. Мое стремление жить подле Аммы и искать ее водительства становилось сильнее день ото дня. Преодолев все препятствия, чинимые моими родственниками, я ушел из дома и присоединился к обитателям *ашрама*.

Два года спустя, когда мы сидели в доме одного преданного, Амма внезапно сказала мне: "Сын мой Балу, тебе следует получить степень магистра философии". Ранее я говорил Амме, что не собираюсь продолжать учебу, а мое единственное желание – быть погруженным в мысли о ней. Теперь, спустя два года, она попросила меня продолжить учебу. По своему опыту я знал, что Амма ничего не говорит и не делает просто так, поэтому я поступил в магистратуру. Возник вопрос: кто будет меня учить? Я должен был подготовить восемь экзаменационных работ: четыре по индийской философии, с которой я был немного знаком, и четыре по западной философии, которая была для меня совершенно новым предметом. Я спросил Амму, где мне найти преподавателя.

"Не беспокойся об этом. Кто-нибудь придет сюда, чтобы учить тебя. Наберись терпения", – сказала она. Но я волновался и часто тревожил ее, повторяя свой вопрос. Неделю спустя один преданный направил меня к своему знакомому профессору философии. Я встретился с профессором и объяснил ему свое затруднительное положение. Он согласился учить меня, но отказался приезжать в *ашрам*. Я попытался объяснить ему, что мне трудно покинуть *ашрам* ради учебы. Наконец, профессор согласился посетить *ашрам*, но заявил: "Я не смогу там остаться или проводить там занятия. Если ты хочешь учиться, ты должен приходить ко мне домой. Если это невозможно, лучше сразу отказаться от этой затеи". Я подумал, что, раз нет выбора, пусть он, по крайней мере, приедет в *ашрам* и увидится с Аммой.

В следующий четверг я заехал за профессором, чтобы проводить его в *ашрам*. Сразу по прибытии я пригласил его встретиться с Аммой, но он отказался. Когда Амма, как обычно, пела перед *бхава-даршаном*, он наблюдал за ней с некоторого расстояния. Даже после начала *даршана* он продолжал наблюдать со стороны. Я подошел к нему и сказал, что при желании он может войти в храм и получить *даршан* Аммы. "Нет, я еще никогда ни перед кем не преклонялся. Я не хочу делать этого", – ответил он. Я оставил его в покое и сел петь *бхаджаны*. Через несколько минут я увидел, как профессор вбежал в храм, и услышал его громкий возглас. Он пал ниц перед Аммой и заплакал, как маленький ребенок. Прошел час или два. Выйдя из храма, профессор отозвал меня в сторону и сказал: "Воистину, она – Великая Душа! Я буду приезжать сюда каждую неделю, чтобы заниматься с тобой". Таким образом, Амма сама нашла мне преподавателя.

Профессор надиктовал мне большое количество материала, делая ссылки на различные книги, но ничего не объясняя. К сожалению, в силу ряда причин, мы не могли заниматься регулярно, и западная философия по-прежнему оставалась для меня неизвестным разделом. До экзаменов оставалось всего три месяца. Профессор прочел мне еще несколько лекций и дал краткое изложение всего предмета в целом. Поскольку я участвовал в различной деятельности *ашрама* и часто путешествовал с Аммой, я не мог уделять внимание учебе. Наконец до экзаменов остался всего один месяц. Амма попросила, чтобы я написал все восемь экзаменационных работ за одну сессию. Я очень переживал, как мне удастся написать сразу все работы как за первый, так и за последний курс. Я преподнес этот проект к стопам Аммы и начал изучать материал. И вот настал канун моего отъезда в Тирупати (город в штате Андхра-Прадеш, в тысяче километров от *ашрама*), где находился университет, в который я был зачислен.

В полдень я хотел приступить к сбору вещей, но вдруг услышал, что Амма зовет меня из своей комнаты. Я вбежал в ее хижину и увидел, что она упаковывает вещи. Положив в сумку последний предмет, она закрыла ее. Еще одна большая сумка, уже собранная, стояла на столе. Амма с великой любовью сказала: "Сын, я собрала всё необходимое для твоей поездки". Указывая на сумки, она пояснила: "В той сумке два одеяла, полотенца, *дхоти*², рубашки и другая одежда, а в этой – кокосовое масло, мыло, зеркало, расческа, кое-что для приготовления горячих напитков и другие полезные вещи. Я упаковала всё это, чтобы ты сэкономил время для занятий". Я в изумлении неотрывно глядел на ее лучащееся любовью лицо. Радость переполняла мое сердце. Мои глаза наполнились слезами, и я зарыдал.

Впервые после того, как я стал жить в *ашраме*, мне предстояла разлука с Аммой, причем на целый месяц. У меня было очень тяжело на сердце. Сев в поезд, я забился в угол, чтобы скрыть слезы. Все пассажиры весело болтали, но мой ум был полон печали. Всю дорогу я думал только об Амме. На следующее утро я прибыл в Тирупати. Мои дни были наполнены мучительной болью разлуки. Я чувствовал себя как рыба, вытащенная из воды. Я пытался сосредоточиться на занятиях, но не мог. Минуты ползли со скоростью улитки. Я даже не мог смотреть на фотографию Аммы. Каждый привезенный из *ашрама* предмет напоминал мне об Амме и ее милостивом образе. Я забывал есть и спать. Каждый день тянулся для меня как год. Время от времени я срывался. Не в состоянии переносить разлуку, я заливался слезами. Не было никого, с кем я мог бы поделиться своей печалью. Тем не менее, к началу экзаменов я каким-то образом сумел написать почти все работы.

В то время я получил письмо от Аммы. Я читал и перечитывал его несколько раз, и оно промокло от моих слез. Амма писала в этом письме следующее:

---

² Традиционный вид мужской одежды, распространенный в Индии, представляющий собой прямоугольную полосу ткани.

"Дорогой сын!

Амма всегда с тобой. Сын, Амма не чувствует, что ты далеко от нее. Дитя мое, Амма видит твое тоскующее сердце. Амма слышит твои стенания. Сын мой, этот мир так прекрасен. В нем есть всё: цветы, океанские просторы, щебечущие птицы, небесная ширь, деревья, кустарники, леса, горы и долины. Бог сделал эту землю прекрасной. Старайся видеть Его во всем. Люби Его во всех существах. Рассеки оковы, отделяющие тебя от Бога. Пусть твой ум постоянно устремляется к Нему. Сын, в этом мире нет ничего плохого. Всё хорошо. Замечай хорошее и добродетельное. Пусть цветок твоего ума расцветает и распространяет аромат повсюду вокруг."

Той ночью я сидел на улице и наблюдал, как легкий бриз колышет деревья и растения. Небо было усеяно мерцающими звездами, а серебристая луна залила землю своим дивным сиянием. Я подумал: "Возможно, этот ветер устремляется к Амме; быть может, ему посчастливится прикоснуться к ней. Да, несомненно, этот бриз несет Божественный аромат моей дорогой Аммы. Если бы у меня были крылья, я бы полетел к ней". Следующее стихотворение было написано той ночью:

Тарапатхангале

О звезды, не могли бы вы спуститься?
Мать песню колыбельную споет вам.
Она – поток любви, не знающей предела, и
Дерево, дарующее тень для ищущих умов.
О ветерок прохладный, приходящий шелестеть
В ночи безмолвно песнопения, что так сладко
Ты мне в уши прошептал? О Матери известия?

Луна и солнце медленно восходят
И клонятся к закату каждый день.

Ужели не хотите вы увидеть
Мать, что вам даровала красоту?
На склонах гор, в долинах одиноких
Играет зелень буйная деревьев.
Меня утешить будто бы желая,
Их ветви тихо пляшут на ветру.

Я пребывал в необычайном беспокойстве и, как безумец, ходил взад-вперед по комнате. Потом я кое-как взял себя в руки и решил на следующий же день уехать. Мне предстояло написать еще одну работу. Я решил не появляться на оставшихся экзаменах, которые должны были начаться через четыре дня. Я подумал: "Амма попросила меня присутствовать на всех экзаменах, но на этот раз я не послушаюсь ее".

Мне пришла в голову мысль испросить разрешения Аммы необычным способом. Я взял три листка бумаги одинакового размера. На первом я написал: "Сын, возвращайся", на втором: "Напиши все работы, а затем приезжай", а на третьем: "Как посчитает нужным мой сын". Я одинаково свернул все три листка, перемешал их и вынул из сумки фотографию Аммы. Я смиренно преподнес ей эти записки со следующей молитвой: "О Амма, я собираюсь вытащить один из этих листков. Дай мне знать твою волю, какой бы она ни была". Закрыв глаза, я дрожащей рукой вынул одну из записок и раскрыл ее. Увы, это была та, которая гласила: "Напиши все работы, а затем приезжай". Не удовлетворенный результатом, я попытал счастья еще раз, взяв другие три листка бумаги, но снова выбрал такую же записку. Однако мой ум так жаждал увидеть Амму, что в конечном счете я решил уехать.

На следующий день я упаковал вещи и уже был готов отправиться в путь. Внезапно я заметил несколько предметов, лежавших в углу комнаты. Это были старые газеты, которые я использовал в качестве обертки для привезенных из *ашрама* вещей, и обломок мыльницы. Я подумал: "Какой невыносимой была моя боль от разлуки с Аммой. Возможно, эти вещи тоже разделяют мою боль; если я оставлю их здесь, это будет грех". Я заботливо упаковал вещи в сумку.

На следующий день я добрался до *ашрама*. По пути к комнате Аммы я встретил своего брата Вену. Тот с изумлением сказал: "Вчера вечером Амма сообщила мне, что тебя одолевает сильное беспокойство и ты приедешь сегодня". Я вошел в комнату Аммы и, рыдая, припал к ее стопам. Амма подняла меня и утешила, сказав: "Сын, я знаю твое сердце. Эта любовь хороша, но постарайся обрести бо́льшую силу ума. Духовный искатель должен быть мягким, как цветок, и твердым, как алмаз. Тебе следует поехать и написать оставшиеся работы. Даже если ты потерпишь неудачу, Амма не будет сердиться. Завтра ты отправишься в путь, а вернешься после завершения экзаменов".

На следующее утро я отправился обратно в Тирупати. Через неделю, после окончания последнего экзамена, я вернулся в *ашрам*. Я не был удовлетворен своими ответами и даже боялся, что могу провалиться. Амма спокойно сказала: "Забудь об этом. Не сомневайся. Ты добьешься успеха". Когда были оглашены результаты, я с удивлением обнаружил, что успешно сдал экзамены, получив высокую оценку. Простое пребывание в присутствии Аммы – это духовная практика. Это всегда новый опыт. Каждое мгновение приносит озарения, которые ведут преданного через различные сферы духовности, помогая ему развиваться и подниматься с одного плана сознания на другой. На начальных стадиях моей духовной жизни я иногда полагал, что постиг Амму. Позже я понял, что совсем не знаю ее».

Вену (Свами Пранавамритананда Пури)

Вену – брат Балу. Их мать умерла, когда они были совсем маленькими. После ее смерти Балу рос в доме отца, а Вену воспитывался в доме тети, Сарасвати Аммы, в религиозной и духовной атмосфере. Вену был любимцем семьи и никогда не ощущал отсутствия материнской любви и нежности. Окончив среднюю школу в возрасте пятнадцати лет, Вену переехал жить в дом своего отца, чтобы продолжить обучение в местном колледже. Хотя в раннем возрасте он проявлял склонность к духовности, в студенческие годы он вел светский образ жизни. Но и в этот период, всякий раз, когда он видел религиозный кинофильм или монаха в охровом одеянии, в нем просыпалось дремлющее духовное устремление.

К тому времени, как Вену поступил в колледж, его брат Балу уже встретил Амму и посвятил себя духовности. Хотя Балу неоднократно рассказывал своему брату об Амме, Вену не проявлял особого интереса. Более того, он презрительно отзывался об Амме, утверждая: «Я и близко не подойду к этой рыбачке». И всё же еще до встречи с Вену Амма предсказала Балу: «Твой брат тоже мой сын. Он тоже придет сюда». Услышав это, Балу встревожился: ведь его семья и так уже негодовала из-за его решения уйти из дома и оставить мирскую жизнь. Что будет, если Вену пойдет по его стопам? Однако всё вершит Божественная воля, не доступная пониманию обычных смертных. Чему быть – того не миновать.

Когда Вену учился на последнем курсе колледжа, Амма посетила дом его тети. Когда Вену пришел домой, Амма стояла на веранде. Даже не взглянув на нее, Вену прошел мимо и направился в свою комнату, где сидели Шрикумар и некоторые другие обитатели *ашрама*.

Неожиданно Амма подошла к Вену и, взяв его руки в свои, как любящая мать, сказала: «Не ты ли брат моего сына Балу? Амма давно хотела увидеться с тобой». Сердце Вену растаяло, и он в одно мгновение осознал, что Амма – не обычный человек, а источник материнской любви и нежности. Вену почувствовал, что его притягивает к Амме, как кусок железа к магниту. Днем, когда Амма всех кормила, Вену тоже получил шарик риса. Он был глубоко тронут беспредельной любовью Аммы, ее равным отношением ко всем и детским простодушием. Ее лицо излучало духовное сияние. Ее понятные объяснения духовных тайн, экстатическое и чарующее пение *бхаджанов* и, главное, абсолютное смирение произвели на него глубокое впечатление. Очень скоро Вену почувствовал духовную связь с Аммой. Даже когда Амма говорила с другими, Вену казалось, что она на самом деле отвечает на вопросы, возникавшие в его уме.

Первая встреча с Аммой оставила глубокий отпечаток в уме Вену, и все его предубеждения в отношении Аммы и духовной жизни исчезли. Его стремление видеть Амму становилось сильнее день ото дня. Наконец, в феврале 1980 года, он приехал в Валликкаву. Увидев Амму, Вену залился слезами. Амма взяла его за руку и усадила рядом с собой. Той ночью, когда Вену вошел в храм во время Кришна-бхавы, он почувствовал, что стоит перед Самим Господом Кришной. Его ум переполняла радость, и он не мог ни плакать, ни смеяться. Он взмолился, чтобы Амма благословила его, даровав чистую преданность и знание. Амма сказала: «Сын, ты получишь то, что ищешь». Она дала ему *мантру*, написанную на листке бумаги, и гирлянду из листьев *туласи*.

После первой же встречи с Аммой Вену потерял всякое желание продолжать учебу; он хотел только одного: вести духовную жизнь. По настоянию Аммы Вену подготовился к выпускным экзаменам, до которых оставался месяц. Преподаватели и студенты пришли в изумление, увидев, что Вену ходит в колледж с полностью обритой головой и со священным пеплом на лбу. Они думали, что он не в себе. Его ум был полностью занят мыслями об Амме. Он был так сосредоточен на ней, что однажды по ошибке подготовился к экзамену следующего дня вместо испытания, которое предстояло ему в этот день. Так или иначе, ему удалось сдать экзамены, и в сентябре 1980 г. он прибыл в *ашрам*, чтобы остаться с Аммой.

Однажды, по случаю праздника, в *ашраме* был приготовлен сладкий пудинг. Согласно обычаю, его следовало предложить Богу перед тем, как раздавать преданным. Вену взял полный стакан пудинга и поставил его в святилище. Не найдя чем накрыть стакан, он огляделся по сторонам, чтобы удостовериться, что Аммы нет рядом, и сорвал молодой лист с росшего поблизости растения. Амма издали заметила это и громко позвала: «Эй, Вену!» Услышав голос Аммы, юноша попытался спрятать лист, но второпях опрокинул стакан и пролил всё его содержимое на песок. Теперь Вену полностью потерял самообладание. Надеясь, что никто ничего не заметит, он собрал пудинг с песка и положил его обратно в стакан, хоть и знал, что теперь нельзя ставить его обратно в святилище.

Амма, издали наблюдавшая за происходящим, подошла к нему и серьезным тоном сказала: «Сын, даже собака не будет это есть. И уж тем более люди. Как же ты можешь предлагать это Богу? Сын, будешь ли ты есть это? Нет! Это настоящий грех. Бог примет всё, что предлагается Ему с чистой любовью и преданностью, не заботясь о том, что это. Он видит только отношение, стоящее за подношением. Если бы ты действительно не ведал, что творишь, я бы не обратила на это внимания, но ты прекрасно сознавал, что совершаешь неправильный поступок, и это тебя не остановило. Более того, ты совершил еще одну ошибку, сорвав молодой лист с этого растеньица. Как ты безжалостен! Если кто-то ущипнет тебя, тебе будет больно. Я вижу, как это растеньице плачет от боли. Сын, хоть ты и не чувствуешь его боли, но ее чувствует Амма».

Вену осознал свою ошибку и, раскаявшись, взмолился о прощении. Амма сказала: «Сын, какие бы ошибки ты ни совершал, я полагаю, в них есть доля и моей вины. Амма нисколько не гневается на тебя, но, чтобы вести тебя по пути к совершенству, она должна делать вид, что гневается».

Вену говорит: «Ничто не может укрыться от Аммы. Она знает всё. Приблизительно пять лет назад со мной произошел случай, который доказывает это. Однажды вечером, во время ужина, когда все ели *канджи* (рисовую кашу), мне вдруг очень захотелось в качестве добавки маринованных манго. Я видел их на *ашрамной* кухне днем, но, поскольку они предназначались для рабочих и приезжающих на время преданных, мы, обитатели *ашрама*, не должны были их есть. Кроме того, Амма сказала нам, что, будучи духовными искателями, мы не должны есть слишком пряную, кислую, соленую или сладкую пищу. Она часто без предупреждения приходила на кухню, чтобы посмотреть, соблюдаются ли ее предписания. Хотя я прекрасно знал всё это, желание полакомиться было сильнее.

Я бесшумно проник на кухню и тайком взял два больших ломтя маринованного манго. Я уже собрался уходить, как вдруг услышал голос Аммы: "Вену, что у тебя в руке?" Опешив, я отшвырнул ломти, чтобы не попасться с поличным. Амма стала искать и нашла их. Тогда она схватила меня за руки и привязала их к столбу. Мне было стыдно и страшно».

Видя, что Вену напуган, как простодушное дитя, Амма рассмеялась. На самом деле Амма забавлялась, представляя, что Вену – это малыш Кришна, которого его мать Яшода привязала к ступе за кражу масла и молока из домов *гопи*. Через несколько секунд Амма развязала его и с любовью дала ему съесть немного маринованного манго. Она сказала: «Сын, только тогда, когда обуздан вкус языка, можно наслаждаться вкусом сердца».

Амма использует особые приемы для искоренения негативных склонностей своих духовных детей. Иногда она говорит: «Я – безумная девушка, которая ничего не знает». Она притворяется, что она – невежественная, простодушная деревенская девушка. Но ее глаза проникают в истинную сущность всего. Стоит ей обнаружить ошибку, как в ней пробуждается великий Учитель, который дает наставления ученику, пока она временно скрывает свое Материнство.

Шрикумар (Свами Пурнамритананда Пури)

До прихода к Амме Шрикумар был инженером-электронщиком. В 1979 году, во время обучения в колледже, он услышал о женщине, способной являть Божественные состояния сознания и благословлять преданных, разрешая их проблемы. Несмотря на то, что Шрикумар был верующим, он сомневался в том, что божественность может проявляться через человека. Наблюдая природу этого мира, где единицы счастливы, а большинство страдает, юноша постепенно утратил веру в благого и милосердного Бога. Наконец он решил лично проверить, обладает ли Амма Божественной силой.

Скептически настроенный, он приехал в *ашрам* в марте 1979 года, вошел в храм и приблизился к Амме. Ее исполненный любви и сострадания взгляд проник в сердце Шрикумара. Одно ее присутствие перенесло его в другой мир, где существовали только Бог, Его священное имя и он сам, и он утратил восприятие внешнего мира. Этот опыт привязал его к Амме и наполнил его ум мыслями о ней одной.

Вот что рассказывает Шрикумар о своей второй встрече с Аммой: «Я слышал, что одни люди называют ее "Кунжу" (дитя), а другие – "Амма" (Мать). После *бхава-даршана* она беседовала с преданными. Внезапно она начала вести себя, как малое невинное дитя. Она играла с преданными, и, видя ее простодушие, они радовались сердцем, забывая обо всем остальном. Иногда она пела и танцевала, а в следующий момент, слушая песню, начинала плакать и застывала в неподвижности, словно перенесшись в другой мир. Одни склонялись перед ней, другие целовали ее руку, третьи исполняли духовные песнопения. Затем она, как сумасшедшая, стала кататься по земле и смеяться». Поначалу Шрикумар полагал, что Амма временно одержима Божественной Матерью Кали и Кришной, но в результате близкого общения с ней он постепенно осознал, что в действительности она проявляет свою внутреннюю тождественность высшей Реальности.

Узы, связывавшие Шрикумара с Аммой, становились прочнее день ото дня. Ему стало очень тяжело находиться вдали от нее. Всякий раз, когда у него выдавалось время, он проводил его с Аммой. Иногда она кормила его из собственных рук и в то же время давала ему духовные наставления. Однажды она спросила его: «Амма уже дала тебе *мантру* для повторения?» Он ответил: «Да, она была написана на маленьком листочке бумаги и предназначалась для того, чтобы я лучше учился». Тогда Амма сказала: «Сын, во время Дэви-бхавы Амма даст тебе посвящение». Той ночью Шрикумар получил посвящение в *мантру*. После этого он решил посвятить свою жизнь духовности под руководством Аммы.

Хотя родители Шрикумара были преданны Амме, они не хотели, чтобы он стал монахом. Они возражали, главным образом, из-за того, что его отец был уже на пенсии, а его сестру еще предстояло выдать замуж. Поэтому родители нашли для Шрикумара работу в Бангалоре, примерно в шестистах километрах от *ашрама*. В те дни, когда его тоскующее сердце особенно сильно страдало от разлуки с Аммой, она являлась ему в видениях. Чтобы утешить его, Амма иногда посылала ему письма. Именно в это время Шрикумар написал следующую песню:

Арикил унденкилум

О Мать моя, пусть рядом Ты,
Блуждаю я, познать Тебя не в силах.

Есть у меня глаза, но всё ж, увы,
Плутаю я, узреть Тебя не в силах.

Не Ты ль, о Мать, прекрасная луна,
Что светит дивно в синей зимней ночи?
Я – неба не достигшая волна,
Что в муках бьется и о брег грохочет.

Когда мне истина высокая открылась,
Что все мирские прелести – ничто,
Всё существо к Тебе лишь устремилось,
И хлынул слез безудержный поток.

Ужель, о Мать, ты не придешь меня утешить,
Согбенного от бремени страданий?
Надеждой на свиданье себя теша,
Я пребываю в вечном ожидании.

Из-за страстного желания увидеться с Аммой и остаться с ней, Шрикумар вернулся домой, не пробыв и месяца в Бангалоре. Сразу же по прибытии домой он был госпитализирован с лихорадкой. Его пламенное стремление увидеть Амму продолжало усиливаться, и однажды, в четыре часа утра, ему явилось дивное видение. «Мой отец вышел, чтобы приготовить мне кофе. Я был один в комнате, когда внезапно почувствовал, что мои руки и ноги словно парализовало. На меня дунул прохладный нежный ветерок, и, к своему великому удивлению, я увидел, что в комнату входит Амма. Милостиво улыбаясь, она подошла ко мне. Я заплакал, как маленький ребенок. Тогда она села возле меня и положила мою голову к себе на колени. Она ничего не говорила. На меня накатила волна чувств. Слова застряли у меня в горле. Амма была окружена Божественным светом, и исходившее от нее сияние заполнило комнату. В этот момент открылась дверь и вошел мой отец. В тот же миг Амма исчезла».

Однажды утром, несколько дней спустя, Амма посетила дом Шрикумара. Она сидела перед домом, играя с детьми.

Внезапно она встала и пошла через поля на восток. Ее руки были сложены в *мудре*. Пройдя некоторое расстояние, она вошла в рощу, где одна семья регулярно совершала обряды поклонения змеям. Находясь в полусознательном состоянии, с полузакрытыми глазами, Амма одарила членов этой семьи чарующей улыбкой и села у святилища, построенного для поклонения змеям. Вокруг собралось несколько человек, желающих увидеть необычное зрелище. Однако некоторые боялись войти в рощу, которая кишела ядовитыми змеями. Услышав о происшедшем, к святилищу пришли хозяева рощи и встали перед Аммой, сложив ладони.

Они спросили: «Амма, мы постоянно совершаем обряды поклонения. Должны ли мы делать что-то еще?» Амма ответила: «Каждый день ставьте здесь стакан свежей воды. Этого достаточно». Когда Амма вернулась к дому, хозяева спросили ее: «Амма, что заставило тебя пойти туда?» Она ответила: «Там очень давно совершается поклонение змеям. Амма пошла туда, чтобы удовлетворить желание главенствующих божеств рощи. Как только я пришла сюда, я почувствовала, что они зовут меня».

Вскоре родители Шрикумара нашли ему работу в Бомбее. Они так настаивали, чтобы он поступил на эту службу, что ему ничего не оставалось, как согласиться. Вновь разлученный с Аммой, он с большой неохотой отправился в Бомбей. Сидя в поезде, он явственно ощущал присутствие Аммы. Между сном и явью он непрерывно наслаждался ее видениями и блаженством ее Божественного присутствия. В конечном счете, проработав восемь месяцев, не в силах выносить разлуку, он подал заявление об увольнении.

Во время пребывания в Бомбее Шрикумар написал следующее стихотворение, передающее его душевную боль:

Арикулил

Солнце закатилось за океан,
И день жалобно заплакал...
Всё это лишь игра вселенского Архитектора,
Так отчего грустны вы, закрывающиеся лотосы?

Этот мир, полный горя и страданий, –
Всего лишь драма Бога, а я, наблюдатель, –
Лишь деревянная марионетка в Его руках,
Что не имеет слез, чтобы рыдать.

Мой ум горит, словно в огне,
От разлуки с Тобой. В этом океане печали
Меня швыряют волны,
И я не могу найти берег.

Еще до начала серьезной духовной практики под руководством Аммы, Шрикумар имел опыт пребывания на астральном плане существования. Когда он лежал, он иногда чувствовал, что его тонкое тело выходит из грубого тела и начинает перемещаться. В такие моменты он ясно видел физический мир, хотя его глаза были закрыты.

В Бомбее он испытал потрясающее переживание. Был день, и он, закрыв глаза, пребывал в состоянии глубокого покоя после медитации. Внезапно его тело онемело. Он почувствовал, как его тонкая форма отделяется от физического тела, и тут же услышал раскаты грома, сопровождаемые извержением клубов дыма. Среди них он различил фигуру Аммы в ярком одеянии, подобном тому, что она носила во время Дэви-бхавы. Величественный образ Аммы наполнил его ум трепетом и благоговением. Он созерцал это прекрасное видение в течение нескольких минут, не в силах пошевелиться или открыть глаза.

Вечером 28 января 1980 года Шрикумар собирался отправиться домой навестить родителей, но Амма остановила его, сказав: «Оставайся здесь; никуда не ходи сегодня». Вот что рассказывает Шрикумар: «Я был очень рад словам Аммы и решил никуда не ходить. Примерно в шесть часов вечера я стоял на улице и с кем-то беседовал, когда вдруг почувствовал укус в ногу. Я вскрикнул от боли, и на мой крик прибежала Амма. Немедленно отыскав место укуса, она высосала из ранки кровь и яд и выплюнула их. Несмотря на это, боль стала невыносимой. Видя, как я в муках катаюсь по земле, Амма попыталась меня утешить. В конце концов, по настоянию присутствующих, она разрешила отвезти меня к врачу – специалисту по укусам змей. Врач сказал: "Змея, которая укусила тебя, была очень ядовитой, но, как ни странно, яд, кажется, не проник в твое тело и кровь". Благодаря заботе Аммы, я, наконец, заснул в три часа утра. Только после этого Амма тоже пошла отдыхать.

На следующее утро Амма сказала мне: "Сын, где бы ты ни находился, было суждено, чтобы тебя укусила змея. Однако, поскольку это случилось в присутствии Аммы, ничего серьезного не произошло. Вот почему Амма вчера не отпустила тебя". Позже, добравшись до дома, я достал свой гороскоп и с удивлением обнаружил, что в нем упоминалось об этом инциденте, который должен был стать фатальным. Там говорилось: "В возрасте двадцати двух лет существует вероятность отравления. Поэтому необходимо совершать особые обряды и делать особые приношения в храм за здравие"».

Милостью Аммы у Шрикумара было несколько духовных опытов, которые всегда служили для него источником вдохновения и побуждали продолжать духовную практику со всё возрастающим энтузиазмом. Обеспечив своих родителей и сестру средствами к существованию, он перебрался в *ашрам* насовсем.

Рамакришнан (Свами Рамакришнананда Пури)

Рамакришнан родился в семье брахманов, в г. Палгхат, штат Керала. В 1978 году, работая в Национальном банке Траванкура, он услышал об Амме от одного из своих друзей. Однажды вечером они с другом приехали увидеться с ней. Хотя Рамакришнан вырос в ортодоксальной семье, в колледже он попал под плохое влияние и покатился по наклонной. Увидев Амму, он зарыдал. Его внутренняя огрубелость стала размягчаться и таять, пока не была полностью смыта этими очищающими слезами. С тех пор он стал приезжать почти на все *даршаны*, чтобы увидеть, как Амма являет Божественное состояние сознания. Он плакал, как маленький ребенок, и молил ее даровать ему видение его возлюбленного божества, Минакши из Мадурая. Иногда он даже постился, глубоко страдая из-за того, что ему не являлось это видение. В такие дни Амма кормила его сладким пудингом, даже не упоминая о том, что он постится. Рыдая от острой тоски на коленях Аммы во время Дэви-бхавы, он спрашивал ее: «Амма, Ты придешь ко мне завтра? По крайней мере, позволь мне услышать звон браслетов на Твоих ногах». Амма ответила на его смиренные молитвы, даровав ему много видений его возлюбленного божества. Иногда он слышал звон браслетов на ногах Аммы и видел Божественную Мать, а иногда ощущал, что воздух напоен Божественным ароматом.

В жизни Рамакришнана произошли два значительных события, которые вдохновили его отречься от мирской жизни и начать вести жизнь, исполненную самоотречения и духовности. Первым было получение посвящения от Аммы. В тот знаменательный день он ощутил, что ему передалась от нее неизъяснимая сила. Это полностью изменило его представление о смысле и цели жизни. Второе событие было таким: однажды, показывая Рамакришнану фотографию

Шри Рамакришны Парамахамсы[3], Амма сказала: «У вас одно и то же имя, но погляди, каким ты стал». Эти слова поразили Рамакришнана, словно удар молнии, и запали ему глубоко в сердце, укрепив его желание стать настоящим духовным подвижником.

Однажды летним вечером Рамакришнан пришел на *даршан* Аммы во время Дэви-бхавы. Внутри храма, где сидела Амма, было очень жарко. Амма попросила Рамакришнана обмахивать ее опахалом. Однако он заколебался, так как у храма стояла группа девушек. Он подумал: «Если такой молодой человек, как я, служащий Национального банка, будет обмахивать женщину, они могут поднять меня на смех». Поэтому он не стал обмахивать Амму. Но, выходя из храма после *даршана*, он сильно ударился головой о деревянную дверную притолоку. При виде его неуклюжести все стоявшие поблизости девушки расхохотались. Рамакришнан побледнел, и ему стало стыдно. Когда он пришел на *даршан* на следующий день, Амма подозвала его и сказала: «Вчера ты не стал обмахивать меня, несмотря на мою просьбу. Поэтому я подумала, что, если выставить тебя на посмешище перед девушками, насмешек которых ты боялся, это пойдет тебе на пользу!» Начиная со следующего *даршана* Рамакришнан регулярно обмахивал Амму опахалом, не дожидаясь, пока его попросят об этом.

Через некоторое время Рамакришнана перевели в отделение банка, находившееся в сотне километров от *ашрама*. В его обязанности входило хранить при себе ключ от сейфа, поэтому он должен был приходить на работу точно в десять часов утра. Уехав из *ашрама* наутро после воскресного *даршана*, Рамакришнан сел в автобус, который довез его до автобусной остановки примерно в тринадцати километрах от офиса. Там он узнал, что следующий автобус в сторону

---

[3] Индийский святой (1836 – 1886).

офиса отправится только в десять часов утра. Рамакришнан попытался поймать такси, но безуспешно. Обеспокоенный и расстроенный, он воззвал: «Амма!» Спустя несколько мгновений на дороге появился мотоциклист. Поравнявшись с Рамакришнаном, незнакомец остановился, повернулся к нему и сказал: «Я еду в Пампакуду⁴. До десяти часов не будет никаких автобусов, так что, если хочешь, я тебя подброшу». Рамакришнан с благодарностью сел на заднее сиденье, доехал до деревни и вошел в банк равно в десять часов! Когда впоследствии Рамакришнан спросил Амму об этом случае, она ответила: «Одного призыва достаточно, если он сделан с сосредоточением. Бог услышит его».

В 1981 году с Рамакришнаном произошел случай, который стал хорошим уроком повиновения духовному Учителю. Опасаясь, что Рамакришнан станет монахом, если будет жить в *ашраме* слишком долго, родители добивались его перевода в отделение банка, расположенное в его родном городе, поблизости от них. Уступив их постоянному давлению, он в конце концов подал заявление о переводе, не спросив совета или разрешения Аммы. Через несколько дней он передумал и послал письмо в администрацию банка с просьбой не давать хода его предыдущему заявлению.

Однажды Амма сказала Рамакришнану: «Лучше поинтересуйся судьбой второго письма, которое ты послал в банк. Оно так и не дошло». Рамакришнан ответил: «В этом нет необходимости, Амма. Они наверняка получили его и приняли к сведению». Амма несколько раз настаивала, чтобы он навел справки о втором письме, но Рамакришнан не принимал ее слова всерьез.

Вскоре Рамакришнан получил распоряжение о переводе от администрации г. Тривандрума, где было расположено главное управление банка. Он помчался на прием

---

⁴ Та самая деревня, где работал Рамакришнан.

к начальству, но было уже слишком поздно. Как Амма и говорила, они не получили письма с просьбой не давать хода предыдущему заявлению. Письмо каким-то образом затерялось. Так Рамакришнан получил горький урок, узнав, что следует прислушиваться к даже, казалось бы, незначительным словам гуру.

Однажды посреди беседы Амма повернулась к Рамакришнану и, насупившись, сказала: «Кое-кто по-прежнему смотрит на девушек, несмотря на решение отречься от мира». Рамакришнан спросил: «Кто это, Амма?»

«Ты!» – ответила она. Рамакришнан был поражен.

«Я? Да я никогда не смотрю на женщин! Амма ругает меня за проступок, которого я не совершал», – стал отпираться он.

В следующий момент Амма произнесла имя женщины, которую Рамакришнан хорошо знал, а также назвала имена ее мужа, детей и других членов семьи. Рамакришнан стоял разинув рот. Услышав точное описание, информацию о местонахождении и другие подробные сведения об этой женщине, которые никак не могли быть известны Амме, он был потрясен. Амма снова спросила его: «Ну, Рамакришнан, скажи правду! Разве ты не смотришь на нее каждый день?»

Рамакришнан молчал. Действительно, он каждый день смотрел на эту женщину. Но почему? Внешне она очень походила на Амму. Глядя на нее, он чувствовал, будто смотрит на саму Амму. Когда Амма увидела, как он, лишившись дара речи, стоит с поникшей головой, она от души рассмеялась. Само собой разумеется, Рамакришнан больше никогда не смотрел на ту женщину.

Этот случай красноречиво свидетельствует о том, что Амма внимательно наблюдает за действиями и мыслями своих духовных детей и дает им соответствующие наставления.

До официальной регистрации *ашрама* в качестве благотворительного учреждения, там разрешалось жить лишь небольшому числу духовных искателей. Ввиду отсутствия достаточных средств, было невозможно удовлетворить потребности большого количества людей. Некоторые из *брахмачаринов*, которые уволились с работы, надеялись, что Рамакришнан поможет им с пищей и одеждой. Поскольку он всё еще работал, он с радостью обеспечивал их потребности, причем по собственной инициативе.

Поначалу Рамакришнан полагал, что Амма – это два разных существа: обычный человек в обычное время и Божественное Существо во время *бхава-даршана*. Это представление вызывало у него в уме большое смятение, и он часто чувствовал себя несчастным от подобных мыслей. Наконец он попросил Амму благословить его и устранить его ошибочное представление. Однажды ночью, в видении, ему явилась Амма в обычном состоянии сознания. Она была одета в белое. Это было в тот период, когда Амма еще не носила белого одеяния. После этого видения Рамакришнан уверовал в то, что Амма по сути одна и та же, какое бы состояние сознания она ни являла.

Вера Рамакришнана в Амму становилась всё более глубокой, и его ум постепенно сосредоточился на ее Божественном образе и имени. Это привело к возникновению большого количества неприятных ситуаций на работе. Иногда он ошибался при подсчете денег, а иногда допускал неточности в счетах банка. В 1982 году он переехал жить в *ашрам*, каким-то образом ухитряясь при этом продолжать работу в офисе. В 1984 году он ушел с работы, чтобы жить в *ашраме* постоянно.

Рамеш Рао (Свами Амритатмананда Пури)

Рамеш Рао родился в состоятельной семье брахманов, в г. Харипаде, штат Керала. Когда он подрос, он стал современным юношей, который наслаждался жизнью и предавался мирским удовольствиям. Он вел беспорядочную и разгульную жизнь. Несмотря на то, что он был светским человеком, он часто посещал близлежащий храм Дэви, где молился и каялся в своем беспутстве. Перед совершением любого действия, хорошего или плохого, он шел помолиться в храм, прося благословения у Божественной Матери.

Однажды друг Рамеша пригласил его в *ашрам* Аммы, но тот отклонил приглашение. Некоторое время спустя, когда Рамеш пытался найти работу за границей, он решил посетить *ашрам*, чтобы узнать о своем будущем, поскольку слышал, что Амма наделена Божественными силами и может предсказывать судьбу. Так, в июне 1979 года, он вошел в храм и приблизился к Амме во время Кришна-бхавы. Не успел он и слова произнести, как Амма сама обратилась к нему: «Сын, ты пытаешься пересечь океан. Амма сделает это возможным, если ты захочешь. Не беспокойся».

Во время первой же встречи Рамеш убедился в божественности Аммы и ощутил, что его прочно связывает с ней чувство Божественной любви. Вернувшись домой, он попытался сосредоточиться на проблемах своего текстильного бизнеса, но не смог, ибо его ум был наполнен лишь мыслями об Амме. В некоторые дни стремление увидеть ее становилось столь сильным, что он закрывал магазин и мчался в *ашрам*. Однажды, когда он прощался с Аммой, чтобы вернуться домой, она сказала ему: «Сын, куда ты идешь? Твое место здесь».

Однажды ночью Рамешу приснился сон об окончательном растворении Вселенной: повсюду с неба сыпались огненные шары, океанские волны вздымались до небес и угрожали затопить землю. Собрав всю свою силу, Рамеш воззвал: «Амма!» В тот же миг из бурного океана поднялся столп света, который стал расширяться во всех направлениях. Из этого сияния соткался дивный образ Богини Дурги, одетой в красное шелковое сари и сидящей на свирепом льве.

В каждой из восьми рук она держала Божественное оружие. Рамеш с изумлением обнаружил, что сострадательное лицо Богини – это лицо Аммы. Она утешила его, сказав: «К чему бояться, когда я с тобой? Ты – мой сын. Не волнуйся». После этого Амма часто являлась Рамешу во сне.

Благодаря близкому общению с Аммой, стремление Рамеша познать Бога и жить подле Аммы усилилось. Однажды, когда он находился в ее присутствии, произошло событие, которое еще больше распалило его духовную жажду. Было четыре часа дня. Рамеш, как обычно, приехал увидеться с Аммой. Он вошел в храм, где она сидела, и, простершись перед ней, сел рядом. Неотрывно глядя на ее лучезарное лицо, он вдруг заметил, что всё вокруг изменилось. Мир множественности исчез, и осталась лишь Амма. Рамеш ощутил, что она – его родная мать, а он – двухлетний ребенок. Упоенный Божественной любовью, он утратил восприятие внешнего мира. Амма с любовью положила его голову к себе на колени. Зная, что Рамеш погрузился во внутреннее блаженство, Амма осторожно приподняла его голову и попросила нескольких преданных положить его на пол храма. В девять часов вечера Амма вернулась в храм и обнаружила, что Рамеш по-прежнему лежит в том же состоянии. Он вернулся в обычное состояние сознания лишь после того, как Амма позвала его: «Сын!»

После этого случая жизнь Рамеша полностью изменилась. Его стремление видеть Амму стало еще сильнее. Молодой человек практически перестал думать о мирских проблемах. Он перестал посещать свой магазин. Поездки к Амме стали еще более частыми. Он проводил подле Аммы целые дни и недели. Эта внезапно произошедшая с Рамешем перемена обеспокоила его семью. Всевозможными способами родители и родственники пытались вернуть его к мирской жизни и убеждали жениться. Однако все их усилия были тщетны. Однажды Амма сказала Рамешу: «Сын, твои родители тоскуют по тебе. Иди домой и получи их разрешение на то, чтобы быть здесь». Рамеш сказал: «Амма, неужели ты оставляешь меня? Они будут чинить мне препятствия». Амма ответила: «Мужественный человек – это тот, кто может преодолеть все трудности».

Амма отправила Рамеша домой с другим обитателем *ашрама*. Члены семьи, применив силу, заставили Рамеша остаться у них под присмотром. Они думали, что Амма приворожила его, используя злые чары. Они совершили специальные обряды, чтобы убедить Рамеша вернуться к мирской жизни. Родители заставляли его есть особое *гхи* (топленое масло), приготовленное священником с использованием специальных *мантр*, чтобы побудить его навсегда уйти из *ашрама* и вернуться к мирской жизни. Рамеш спросил совета Аммы в отношении *гхи*. Амма сказала: «Сын, ешь его. Если в нем есть что-то плохое, не беда. Ты пришел ко мне благодаря своим духовным склонностям. С тобой ничего не случится, даже если ты будешь есть это *гхи*».

Повинуясь ее словам, Рамеш стал есть *гхи*, но ничего не произошло. Его жажда духовной жизни не утихала. Тогда члены семьи сменили тактику и стали вести себя более жестко и бесчеловечно. Они пришли к заключению, что внезапная перемена в их сыне вызвана психическим отклонением, которое наступило в результате разочарования из-за того, что он не получил работу за границей. Прибегнув к помощи друзей Рамеша, которые тоже не одобряли его нового образа жизни, они отправили его на принудительное лечение к психиатру.

Рамеш сказал доктору: «Я не сумасшедший. Я буду строго следовать наставлениям моего гуру. Это вы безумны. Вы сходите с ума по этому миру и пытаетесь навязать свои безумные идеи другим». По настоянию родственников Рамеша, доктор лечил его в течение десяти дней. Замысел состоял в том, чтобы пробудить в молодом человеке тягу к мирской жизни. Сразу же после лечения родители решили отправить

Рамеша в Бхилай, пожить с родственниками, полагая, что смена обстановки поможет ему вернуться к прежнему образу жизни. Кроме того, они пытались найти для Рамеша подходящую невесту.

В душевном смятении Рамеш написал Амме: «Амма, до сих пор я не поддавался на их банальные искушения. Если Амма не спасет меня теперь, я сольюсь с Аммой на небесах. Я совершу самоубийство».

После месяца пребывания в Бхилае Рамеша вернули домой. Теперь его семья была убеждена, что он оставил духовные помыслы и отказался от духовного образа жизни. Члены семьи стали уговаривать его снова начать заниматься текстильным бизнесом. Однажды, никому ничего не сказав, Рамеш приехал к Амме и взмолился: «Амма, если ты оставишь меня, я умру». Не дожидаясь ее ответа, он остался в *ашраме*. Во время его краткого трехдневного пребывания в *ашраме* Амма несколько раз предупреждала его, что родственники намерены чинить ему препятствия. Она даже советовала ему вернуться домой и подождать, пока они дадут согласие на то, чтобы он вступил на духовный путь, но Рамеш не желал ничего слушать. «Если я вернусь домой, они не позволят мне продолжать духовную практику», – сказал он.

Между тем, отец Рамеша подал заявление в полицию против Аммы, требуя, чтобы ему помогли вернуть сына, которого, как он утверждал, насильственно удерживают у Аммы. На третий день отец Рамеша и несколько других родственников прибыли в *ашрам* с полным фургоном полицейских. Рамеш смело заявил полицейскому: «Я достаточно взрослый, чтобы самостоятельно решать, как жить, и имею право сам выбирать место жительства». Никто не обратил внимания на его слова. Родственники решили с помощью полиции поместить его в психиатрическую лечебницу в Тривандруме. По пути остановились в Колламе, чтобы пообедать. Рамеш отказался есть и остался сидеть в машине.

Вдруг он услышал изнутри голос: «Если ты убежишь сейчас, то будешь спасен. Иначе ты погибнешь».

В следующую секунду прямо перед ним остановился авторикша. Рамеш, не колеблясь ни мгновения, вскочил в фургон. Он назвал водителю место назначения и попросил его гнать побыстрее. У него не было в кармане ни гроша. В это время в Колламе жил один из обитателей *ашрама*, который готовился к экзаменам на степень магистра философии. Рамеш рассказал ему о случившемся. Той ночью, с помощью нескольких преданных, Рамеш уехал из Кералы и направился в Миссию Чинмай в Бомбее. Обнаружив, что он в Бомбее, родственники вновь попытались арестовать его. Чтобы спасти свою жизнь, Рамеш отправился в Гималаи. Ему едва хватало денег на железнодорожные билеты и еду, и у него не было теплой одежды, чтобы защититься от леденящего холода. Каким-то образом он добрался до Гималаев, где стал странствовать от деревни к деревне. Его одежда порвалась и превратилась в лохмотья. Молодой человек жил как нищенствующий монах: ел то, что получал в качестве подаяния, и медитировал под деревьями или в пещерах. Шли дни и месяцы. Наконец, Амма прислала ему письмо по адресу, который он ей дал. Она написала просто: «Сын, возвращайся. Проблем больше нет».

Рамеш вернулся в *ашрам* Аммы. Тогда она попросила его посетить родителей, которые получили хороший урок. Казалось, они смягчились и были счастливы, что снова видят сына дома. Однако они по-прежнему пытались ввести его в искушение. Когда они поняли, что их враждебность была неразумной, они попытались повлиять на него лаской. Но все их усилия были тщетны, ибо ничто не могло поколебать бесстрастия Рамеша. Двадцать седьмого августа 1982 года он перебрался жить в *ашрам* на постоянной основе и продолжил беспрепятственно совершать там духовную практику.

Нилу (Свами Параматмананда Пури)

Нил Роснер родился в 1949 г. в Чикаго, США. Благодаря духовным склонностям, приобретенным в прошлых жизнях, он постиг ограниченность мирского существования еще в юности. Он приехал в Индию в 1968 г. и до 1979 г. жил в Тируваннамалае, совершая духовную практику. Затем он перебрался в Валликкаву, чтобы жить подле Аммы. Всё время путешествия на поезде он был болен и прикован к постели. Он страдал от быстрой утомляемости, слабости, от болей в спине и в животе, от потери аппетита; ему трудно было сидеть и ходить.

Добравшись до *ашрама* и впервые встретившись с Аммой, Нилу не испытал ничего необычного. Но следующей ночью, во время Кришна-бхавы, он ощутил, что в него проникло нечто высоко духовное, исходившее из храма, и он погрузился в блаженство. По непонятной причине он заплакал. После этого боль, от которой он страдал в течение долгого времени, значительно ослабла. Он вошел в храм и, заглянув в глаза Аммы, увидел в них свет покоя и внутреннего блаженства. Ощутив внутреннюю безмятежность Аммы, исходящий от нее беспредельный поток покоя, а также благодаря полученному от нее Божественному переживанию, он убедился в том, что она – *дживанмукта* (освобожденная душа). Благодаря ее Божественной милости, Нилу с самого начала осознал, что Амма являет свою божественность только во время *бхав*, а всё остальное время скрывает ее. Нилу почувствовал, что вознесся на план Божественного блаженства. Он стал молить Амму указать ему путь к вечному блаженству, и Амма согласилась.

Однажды Нилу спросил Амму, может ли она благословить его, даровав преданность ей. Амма простодушно, как маленький ребенок, рассмеялась и сказала: «Что я могу? Я сумасшедшая». В тот день, незадолго до завершения

Дэви-бхавы, Амма послала за Нилу, который стоял в дверях, глядя на нее. Внезапно Нилу заметил, что лицо Аммы
начало светиться. Это свечение продолжало усиливаться, и
через какое-то время он уже не видел ничего вокруг, кроме
лучезарного света. Всё исчезло: не было ни Аммы, ни храма,
ни *ашрама*, ни этого мира. На том месте, где раньше была
Амма, сиял яркий свет. Это сияние стало распространяться
во все стороны и охватило всё пространство. Затем свет стал
сжиматься, пока не уменьшился до точки, и, наконец, исчез.
Потрясенный, Нилу не мог вымолвить ни слова. Он ощущал
внутри себя присутствие Аммы. Он достиг состояния, когда
простая мысль о дарованном Аммой видении света вызывала
у него слезы. После этого видения он провел четыре бес-
сонные ночи, погруженный в Божественное переживание.
Он также постоянно ощущал Божественный аромат. Нилу
решил совершать *садхану*, живя в Валликкаву. Амма согласилась с этим. Амма подарила ему *рудракша-малу* (четки из
рудракши). В течение многих лет от *малы* в разное время
исходили различные ароматы.

Без какого-либо лечения, одной только Божественной
санкальпой (волей) Аммы, здоровье Нилу заметно улучши-
лось. Теперь он мог сидеть, стоять, ходить и есть. Он начал
ощущать постоянное присутствие Аммы внутри – непрерывный поток покоя и блаженства.

Однажды у него случился сильный приступ кашля, который был неудержимым и невыносимым. Во время Кришна-
бхавы Амма положила руки на грудь и голову Нилу. Тогда
он снова пережил Божественное видение света. Он ощутил,
что тот же свет пребывает внутри него и что он не является
телом. Он испытывал это упоительное Божественное переживание в течение очень долгого времени. Одновременно
его болезнь ослабла.

Однажды вечером Нилу не мог присутствовать во время
исполнения *бхаджанов* из-за сильной головной боли. Он

прилег в своей комнате, закрыл глаза и увидел перед собой свет, который вскоре исчез. Затем он увидел его снова и испытал Божественное присутствие Аммы. Головная боль мгновенно прошла – он встал и пришел петь *бхаджаны*.

Милостью Аммы физические недуги Нилу ослабли. Но, что гораздо важнее, где бы Нилу ни находился, он стал ощущать Божественное присутствие Аммы, постоянное блаженство и покой. Всё это он обрел в результате близкого общения с Аммой. Если в Тируваннамалае он следовал путем знания, то теперь он отдавал предпочтение пути преданности. Он говорит: «Это то благословение, которое я получил от Аммы». Нилу утверждает, что, если бы не многолетняя серьезная духовная практика, он никогда не смог бы понять и усвоить духовные наставления Аммы. Он непоколебимо верит, что цель может быть достигнута только благодаря благословению Аммы.

В начальный период существования *ашрама* испытывалась серьезная нехватка средств. Кто-то поделился с Аммой своими опасениями: «Как мы будем содержать *ашрам*?» Амма ответила: «Не беспокойтесь. Человек, который будет управлять деятельностью *ашрама*, скоро прибудет сюда». Вскоре Нилу прибыл в *ашрам* и взял на себя его финансовое обеспечение. Нилу искренне, с огромным терпением и заботливостью, служил Амме, уделяя внимание мельчайшим деталям.

Саумья (Свамини Кришнамрита Прана)

Вот что рассказывает Свамини Кришнамрита Прана (урожденная Саумья) о своей встрече с Аммой и жизни подле нее:

«Я выросла в Австралии. Моя семья была не очень набожной, но мы ходили в церковь, и я, как и все остальные, посещала воскресную школу. Иногда я слышала, как люди беседуют о Боге, но мне казалось, что никто из них не имеет подлинного духовного опыта. Не зная, во что верить, я, подобно большинству подростков, отвернулась от религии. Однако лет в двадцать я ощутила потребность в глубинном поиске смысла и цели жизни.

После окончания школы я стала работать администратором в клинике пластического хирурга. Хотя врач специализировался в области хирургии кисти, – замены суставов у больных ревматоидным артритом – он также выполнял различные косметические операции. В тот период, когда я только начала у него работать, на каждую операционную сессию записывали примерно троих больных. Но постепенно врач стал оперировать за сессию пять или даже шесть пациентов. Казалось, он стремится заработать побольше денег, чтобы жить на широкую ногу. У пациентов стали всё чаще возникать осложнения. Скорее всего, это было связано с тем, что он стал уделять им меньше внимания. Видя это, я испытала разочарование и поняла, что не хочу тратить жизнь только на то, чтобы зарабатывать деньги для приобретения излишеств. Я не хотела "продавать душу" за зарплату, так как чувствовала, что в жизни есть нечто более значимое. Итак, в восемнадцать лет я закончила карьеру. Мои друзья, как мне казалось, сделали в жизни неправильный выбор. Они не разделяли моего стремления найти смысл жизни, поэтому я уехала из Австралии и отправилась путешествовать по свету одна.

Я поехала в Юго-Восточную Азию и обнаружила, что люди там гораздо более удовлетворены жизнью, чем представители Запада. Хотя многие жили очень скромно, они обладали умственным спокойствием, которого, несмотря на весь свой материальный достаток, не могут найти люди Запада. Мне показалось, что это связано с верой представителей Востока в Бога – силу, находящуюся за пределами их самих. Они были счастливее, живя ради чего-то более великого, чем они сами. Казалось, любовь к Богу, в какой бы форме он ни почитался, объединяла всех членов семьи и наполняла их жизнь радостью.

В Индии я узнала о древних истинах *санатана-дхармы* (индуизма), которые гласят, что Бог пребывает внутри каждого из нас и что цель человеческой жизни заключается в достижении состояния Богореализации. Я почувствовала, что эта философия дает ответы на вопросы, которыми я задавалась в ходе своих поисков истины и смысла жизни. Эмоции, работа ума и умственные способности человека объяснялись так научно и логично, что религия стала понятной. Во мне пробудилось нечто, скрытое глубоко внутри. Меня вдохновили представления о Боге, с которым можно установить личные отношения, и идея преданности ему. Мне показалось, что жизнь начинает обретать подлинный смысл.

Я остановилась в одном *ашраме* в Северной Индии. Через полгода меня познакомили с преданным Аммы, который учился неподалеку. Он поведал мне много прекрасных историй из своего опыта общения с Аммой и сказал: "Я чувствую, что ты – дитя Аммы. Если ты съездишь к ней, то, несомненно, захочешь остаться подле нее". Заинтригованная, я вместе с подругой отправилась на встречу с Аммой в Южную Индию. Я была приятно удивлена, увидев скромный *ашрам* Аммы, где в нескольких хижинах, крытых пальмовыми листьями, жили всего четырнадцать человек.

Когда я вошла в маленькую хижину для *даршана*, где сидела Амма, она, увидев меня, вскочила с места и кинулась меня обнимать. Я была поражена тем, сколько любви и ласки мне подарила Амма. Я подумала: "Гуру так себя не ведут". Амма приняла меня так тепло, как будто я ее дочь. "Никто не проявляет столько любви по отношению к чужим людям!" – беспрестанно твердил мой ум. Я тогда еще не знала, что для Аммы нет чужих. До встречи с Аммой я видела нескольких духовных учителей, и хотя некоторые из них выглядели весьма импозантно, все они были довольно неприступными. Гуру из того *ашрама*, где я жила раньше, обычно сидел на троне, на безопасном расстоянии, а люди простирались перед ним, но не прикасались к нему. Нельзя было дотрагиваться даже до его стоп. Я читала, что некоторые гуру не разрешают людям дотрагиваться до их стоп, чтобы не потерять энергию, приобретенную в ходе духовной практики. Но Амма совершенно не придавала этому значения, обнимая каждого, кто приходил к ней, как родного.

Гуру, как правило, мужчины, а Амма была женщиной, очень красивой молодой женщиной всего двадцати девяти лет. Она нежно, как собственных детей, ласкала всех, кто приходил к ней, даже совершенно не знакомых людей, проявляя к ним такие любовь и сострадание, какие я и вообразить не могла. "Она очень необычная, очень неординарная," – подумала я. Только спустя три недели я начала понимать, *насколько* Амма неординарна.

Наблюдая за ней день за днем, я постепенно утвердилась в мысли, что она не просто святая, как я вначале полагала, – она полностью растворилась в Боге, погрузившись в состояние Божественного упоения. Она являла пример истинной йоги – соединения с Божественным, которого все ищут в духовности. Амма была человеком, познавшим Бога… и всё же она не вписывалась в мои представления о том, какими должны быть люди, познавшие Бога.

Когда Амма взывала к Богу во время исполнения *бхаджанов*, я ощущала, как ее любовь проникает мне в душу. Она теряла осознание тела и возносилась в царство Божественного, куда мы не могли за ней последовать. Иногда она проявляла такое детское простодушие, что казалась подобной ребенку или подруге преданных, а иногда внезапно превращалась в мать, гуру, наставника. Иногда Амма вела себя, как сумасшедшая, и даже сама себя так называла. Несмотря на ее необычное поведение, я была убеждена, что она видела Бога и может помочь мне установить с Богом настоящие взаимоотношения. Мне стало ясно, что в Амме я обрела учителя иного уровня, чем все те, о ком я когда-либо читала или кого представляла в своем воображении. Вскоре я осознала, что хочу жить подле нее, чтобы она вела меня как духовный учитель и дисциплинировала меня как гуру.

В те дни жизнь подле Аммы была настоящим блаженством. Мне посчастливилось быть свидетелем того, как она погружалась в *самадхи*, каталась по песку, пела, смеялась и плакала, лежала под пальмами, под ночным звездным небом, всецело поглощенная невероятной, неземной любовью. Амма жила предельно просто, отдавая всё свое время Богу и людям. У нее не было ничего своего. Глядя на нее, мы ощущали покой и блаженство. Когда она не была поглощена любовью к Богу до забвения о внешнем мире, она дарила любовь тем, кому посчастливилось жить подле нее, а также всем тем, кто приходил к ней. Амма не могла скрыть или сдержать эту любовь, ибо она вибрировала в каждой клеточке ее тела и исходила от всего ее существа.

Иногда Амма разрешала некоторым девушкам остаться у нее в комнате, тем самым давая им драгоценную возможность побыть рядом с ней. Я удостоилась этой привилегии в особенное время – в ночь рождения Кришны. *Махатмы* (Великие Души) на самом деле никогда не спят, так как всегда обладают полным осознанием. Тем не менее, той ночью Амма прилегла отдохнуть на балконе, прилегающем к ее комнате, а я легла спать у ее стоп. Вскоре после того, как я задремала, мне приснился дивный сон: я нашла книгу, содержащую все тайны Вселенной. Я проснулась, почувствовав у себя на голове руку Аммы, и поняла, что громко взывала к Дэви, молитвенно воздев руки. Амма, которую разбудили мои призывы к Дэви, нежно положила ладонь мне на макушку, пытаясь успокоить меня и повторяя: "*Мол* (дочка), *мол*". Мне было очень стыдно, что я нарушила покой Аммы в те редкие мгновения, когда она отдыхала. Мы снова легли, и я увидела еще один сон о Богине Вселенной. Проснувшись на следующее утро, я тихо ушла, не желая больше беспокоить Амму.

Выйдя через некоторое время из своей комнаты, Амма, смеясь, сказала: "Всё это время я полагала, что ты преданная Кришны, а оказалось, ты взываешь к Дэви!" Я спросила: "Амма, прошлой ночью действительно произошло что-то особенное? Это был сон или настоящий духовный опыт?" Амма ответила: "Это был наполовину сон, наполовину опыт. Это начало настоящей преданности". В Священных Писаниях говорится, что одного дыхания *махатмы* достаточно, чтобы человек получил духовный опыт. Так что дело было не столько во мне, сколько в дыхании Аммы, создавшем священное пространство для получения мною этого опыта.

В Амме я обрела не только цель и смысл жизни – я нашла совершенного Учителя, который поможет мне познать Бога. Постигнув великие духовные истины, во всей полноте воплощенные в Амме, я поняла, что не могу вернуться на Запад и вести там обычную жизнь. Я не могла заставить себя довольствоваться такой заурядной долей.

В ранние годы существования *ашрама* Амма часто говорила о ценности служения, но я никогда не предполагала, что эти слова обращены ко мне. Я никогда всерьез не задумывалась о служении, но каким-то образом желание служить миру росло и крепло в моем сердце. Сегодня это стало смыслом моей жизни. Моя внутренняя молитва: "Амма, дай мне силу и чистоту, чтобы любить мир и служить ему"».

Мадху (Свами Премананда Пури)

Мадху родился на Реюньоне (заморский департамент Франции), но имел индийские корни. С самого детства он испытывал сильное желание принять *санньясу* (монашество).

В 1976 году Мадху прибыл в Индию и познакомился с *ашрамом* Рамакришны. Он спросил Свами Вирешварананду из Белур-Матха[5], может ли он, Мадху, отправиться в Гималаи совершать *садхану*. Свамиджи посоветовал ему поехать в Южную Индию, поскольку это больше всего подходило для Мадху. Молодой человек занимался духовной практикой у подножия Аруначалы, согласно предписаниям Вирешварананды, когда один знакомый сказал ему: «Мне кажется, что ты – преданный Кали. Кали в Валликкаву. Поезжай к ней».

Так Мадху оказался в Валликкаву 1 июня 1980 г. Это было во время *бхава-даршана*. Амма, находившаяся в храме, сказала одному из преданных: «Мой сын Мадху ожидает снаружи. Приведи его». Войдя в храм и увидев Амму, Мадху заплакал. Амма сказала ему: «Как долго я тебя ждала!»

На следующий день Амма, держа фотографию Вирешварананды, стала всех спрашивать, кто это. Мадху, сидевший рядом с Аммой, сказал: «Это Вирешваранандаджи». Амма отметила: «Он хороший человек», – и поведала Мадху, что видела этого *санньясина* во время медитации. Как прозорлив он был, послав Мадху в Южную Индию! Во время Дэви-бхавы Амма дала Мадху посвящение в *мантру*.

В 1982 году Мадху праздновал день рождения Аммы на Реюньоне. Создав отделение Матха Маты Амританандамайи на Реюньоне, Мадху занялся распространением *санатана-дхармы*. Мадху – настоящий духовный подвижник, обладающий такими качествами, как смирение, духовная проницательность, сострадание и большая работоспособность.

Получив посвящение в *брахмачарью* 24 февраля 1985 года под руководством Аммы, Мадху стал Прематмой Чайтаньей. Он говорит: «Это Амма сделала меня тем, кто я есть. Если бы я не встретил Амму, я мог бы вести обычную

---

[5] Главный центр Матха и Миссии Рамакришны.

мирскую жизнь. Только милостью Аммы я не свернул с пути самоотречения. Милость гуру гораздо важнее для духовного роста, чем личные способности»

Глава тринадцатая

Амма как духовный Учитель

В истинных взаимоотношениях гуру и ученика будет трудно различить, кто из них гуру, а кто – ученик, потому что гуру будет более смиренным, чем ученик, а ученик будет более смиренным, чем гуру.

Мата Амританандамайи

Кто является совершенным человеком? Если задать этот вопрос современным молодым людям, они, скорее всего, ответят, что идеальный человек – это красивый и влиятельный мультимиллионер или высокопоставленный политический деятель; кто-то назовёт имена звёзд кино или профессиональных спортсменов. Жаль, что сегодняшняя молодёжь не представляет себе общества без кино, политики и романтических историй. Для неё всё это – животворная сила. Но разве это имеет какое-то отношение к нашей жизни и воспитанию характера? Что делает личность прекрасной и совершенной? Что придаёт значимость и величие действиям человека? Что делает человека бессмертным и достойным восхищения? Разве это что-то из вышеперечисленного? Зрелый человек, наделённый проницательностью, несомненно, скажет: «Конечно, нет». Тогда что же это? Когда мы перестаём смотреть на мир глазами, окрашенными желанием, и воспринимать мир умом, затуманенным потребностями, когда мы превосходим симпатии и антипатии, когда мы начинаем видеть всё с высоты чистого сознания, тогда бытие становится океаном красоты. Когда приходит осознание, что физическая красота ложна, а внутренняя красота – красота высшей Сущности – реальна, тогда человек становится прекрасным, совершенным, бессмертным и достойным восхищения. Именно это – прекрасное сочетание безусловной любви и блаженства – можно испытать в присутствии Маты Амританандамайи.

Разные люди говорят об Амме по-разному – каждый согласно собственному уровню понимания и умственной зрелости. Например, если вы спросите, кто такая Мата Амританандамайи, у человека, чей ум пребывает на грубом уровне, он ответит: «Это удивительная женщина, которая исцеляет ужасные и неизлечимые болезни простым прикосновением или взглядом». Возможно, он добавит: «Она также может решить ваши мирские проблемы и без труда исполнить все ваши желания». Если задать тот же вопрос человеку, обладающему более утонченным умом, он скажет: «Амма – исключительная личность. Она может наделить вас многими психическими силами. Она мастер в телепатии и ясновидении. Превратить воду в *панчамритам* (сладкий пудинг) и молоко для нее – проще простого. Ей подвластны все восемь мистических сил». Ответ истинного духовного искателя на тот же самый вопрос был бы таким: «Амма – это высшая Цель, к которой может стремиться подвижник. Будучи источником и опорой истинных подвижников, она помогает им пересечь вечно меняющийся океан иллюзии. Сама ее природа – любовь и сострадание; она – подлинное подтверждение тех истин, которые выражены в Ведах и других религиозных текстах мира. Если вы примете прибежище у ее стоп, то, несомненно, Цель уже не за горами. Она – и совершенный Учитель, и великая Мать».

С точки зрения человека, следующего по пути *бхакти-йоги* (преданности), Амма – идеальный пример истинной преданной. Можно увидеть, как в ней самопроизвольно проявляются различные аспекты высшей преданности. Когда за Аммой наблюдает человек, следующий по пути *джняна-йоги* (знания), он сознает, что во всех ее словах и поступках проявляется совершенное знание высшей Сущности. Для человека, искренне следующего по пути *карма-йоги* (действия), Амма – непревзойденный *карма-йогин*. Всё это – лишь неполные представления разных людей, обусловленные ограниченным опытом и пониманием каждого из них. Но благодаря близкому общению, а также беспристрастному наблюдению, можно ясно осознать, что Амма интегрирует все эти качества.

В языке малаялам есть поговорка: «Терпеливый, как земля». Мать-Земля выносит всё. Люди пинают ее, плюют на нее, пашут ее плугом, роют ее и рассекают ее поверхность мотыгой, возделывая почву и выполняя другую работу. Они даже возводят на ней стоэтажные здания, но она терпеливо выносит всё. Она не жалуется. Она никого не презирает, напротив, она служит всем и всех питает. Подобным образом Амма проявляет огромное терпение в воспитании характера своих детей. Она терпеливо ждет, пока ученики станут достаточно зрелыми, чтобы их можно было дисциплинировать. Пока этого не произошло, она купает их в лучах своей бескорыстной любви, прощая им все ошибки.

Если внимательно исследовать великую линию преемственности святых и мудрецов Древней Индии и проанализировать то, какие пути они выбирали для обучения и просвещения своих учеников, будет нетрудно понять, что природа взаимоотношений ученика и гуру уникальна. Амма говорит: «Поначалу совершенный Учитель не будет давать своему ученику строгих предписаний. Он будет просто любить его. Он привяжет ученика своей безусловной любовью. Сильное воздействие, оказанное любовью гуру, сделает ученика пригодным для того, чтобы гуру работал над его *васанами* (умственными склонностями). Строгими, но полными любви предписаниями гуру будет постепенно дисциплинировать ученика и совершенствовать его личность. В истинных взаимоотношениях гуру и ученика будет трудно различить, кто из них гуру, а кто – ученик, потому что гуру будет более смиренным, чем ученик, а ученик будет более смиренным, чем гуру». Вначале гуру может не только проявлять по отношению к ученику большую любовь, но даже, в некоторой степени, потакать его прихотям и капризам, но когда он увидит, что ученик достаточно созрел, чтобы приступить к серьезной духовной практике, гуру постепенно начнет дисциплинировать его. Теперь гуру, по-прежнему исполненный любви к ученику, который воистину подобен для него сыну или дочери, уже не будет столь явно выражать свою любовь. Его единственной целью будет помочь ученику осознать его собственную чистую Сущность. Иными словами, дисциплинирование – это еще один способ выражения любви гуру. Это истинная любовь, преобразующая ученика в чистый бриллиант.

Указывая на недостатки своих детей и исправляя их, Амма говорит: «Я подобна садовнику. Сад полон красочных цветов. Меня не просили заботиться о красивых цветах, у которых нет изъянов, – меня просили удалять насекомых и червей с цветов и растений, подтачиваемых вредителями. Чтобы устранить насекомых, мне иногда приходится сдавливать лепестки и листья цветов, что причиняет им боль, но это делается лишь для того, чтобы спасти растения и цветы от гибели. Подобным образом Амма всегда будет работать над искоренением слабостей своих детей. Процесс устранения недостатков причиняет боль, но это для вашего же блага. О добродетелях не нужно заботиться, но если не искоренить ваши слабости, они уничтожат и ваши добродетели. Дети мои, вы можете думать, что Амма сердится на вас. Это не так. Амма любит вас больше, чем кто-либо другой, именно поэтому она ведет себя подобным образом. Амма не ожидает от вас ничего, кроме духовного роста».

Трудно представить себе, чтобы Амма сидела на троне и повелевала своими духовными детьми и преданными. Она дает наставления и сама подает пример того, как нужно действовать. Смирение и простота – признаки величия. Жизнь Аммы является тому доказательством. Она смиреннее самого смиренного и проще самого простого. Она говорит о себе: «Я – слуга слуг. Эта жизнь – для других. Мое богатство и здоровье – в счастье моих детей».

Амма применяет удивительный метод для искоренения эго и негативных склонностей своих детей. Она – непобедимый воин. Амма сама готовит поле сражения и создает подходящие ситуации, чтобы проверить степень умственной зрелости и духовного роста своих детей. Не вызывая у ученика ни малейшего подозрения, она выводит его на это поле. Когда ученик осознает серьезность ситуации, в нем пробуждаются все внутренние недруги, и проницательный разум уступает место эмоциональному уму. Амма использует эту возможность, чтобы устранить эгоизм своих детей. Её могущественное оружие неизменно поражает цель, и с течением времени негативные склонности тех, кто ищет ее водительства, становятся всё слабее и слабее. Вот один из таких случаев.

Несколько лет тому назад Брахмачарин Нилу привез из Тируваннамалая, где он раньше жил, портативную пишущую машинку. Хотя Брахмачарин Балу никогда не учился печатать на машинке, он взял лист бумаги и забавы ради напечатал: «Амма, сделай меня своим рабом». Амма, которая сидела рядом и разговаривала с Нилу, внезапно повернулась к Балу и спросила: «Сын, что ты печатаешь?» Балу перевел значение этого предложения на малаялам. Ничего больше не спросив и не сказав в связи с этим, Амма продолжила беседу с Нилу.

Пятнадцать минут спустя Амма сказала Нилу: «Я собираюсь послать Балу за границу». Эти слова прозвучали для Балу как гром среди ясного неба, ведь он уже уволился с двух работ, желая остаться подле Аммы навсегда. «Что ты сказала, Амма?» – с тревогой спросил он. «Да, ашраму нужны деньги. Здесь становится всё больше постоянных обитателей, а у нас нет никакого дохода, чтобы содержать их. Поэтому ты должен поехать на заработки», – ответила Амма.

Этого было довольно для Балу. Его внутренние недруги подняли головы, и он с горячностью выпалил: «Нет, я не хочу работать. Я не могу уехать отсюда. Я пришел сюда, чтобы жить подле Аммы, а не выполнять мирскую работу и зарабатывать деньги». Однако Амма продолжала настаивать, чтобы он поехал, пока его гнев не перешел все границы. Его негативные склонности были готовы перейти в наступление.

Внезапно Амма нежным голосом сказала: «Сын, что ты напечатал всего несколько минут назад? Если ты хочешь стать слугой Бога, ты должен сложить всё, что имеешь, к Его стопам. Если ум не чист, Бог не будет пребывать в твоем сердце. Стать слугой Бога означает принимать всё происходящее: хорошее и плохое, благоприятное и неблагоприятное – и сохранять при этом умственное равновесие. Необходимо видеть во всем волю Божью. Сын, мне не нужны твои деньги. Когда я вижу, как ты взываешь к Богу, я счастлива, мое сердце переполняется любовью и устремляется к тебе». Как только Амма произнесла последнее слово, она погрузилась в Божественное состояние сознания. У нее по щекам текли слезы, и ее тело стало неподвижным. Так продолжалось в течение часа, после чего она медленно вернулась к восприятию внешнего мира.

Ум Балу был полон раскаяния. Он припал к стопам Аммы и стал умолять простить его. Он взмолился: «Амма, пожалуйста, очисти мое сердце. Избавь меня от всех нечистых мыслей и действий. Сделай меня совершенным инструментом в твоих руках». Она утешила его и сказала: «Сын, не переживай. Ты пришел к Амме, и теперь она несет ответственность за то, чтобы заботиться о тебе и сделать тебя совершенным». Услышав эти слова, Балу преисполнился покоя и радости.

Однажды Амма сказала: «Дети, вы счастливы, если Амма всегда улыбается. Если Амма скажет что-то против вашего желания, вы будете думать, что она не любит вас, но это не так. Амма всегда старается сделать вас сильнее. Чтобы укрепить вас духовно, должны быть устранены все умственные слабости. Чтобы достичь этой цели, Амма будет иногда делать вид, что она разгневана. Иногда это необходимо, чтобы преподать вам урок. Взять, к примеру, корову, которая весело поедает нежные листья молодого кокосового деревца. Будет недостаточно сказать: "Дорогая корова, пожалуйста, не ешь листья. Дерево зачахнет". Корова, несомненно, не сдвинется с места. Но если вы возьмете длинную палку и закричите на нее: "А ну пошла прочь!" – корова немедленно прекратит свои проделки. Тот же самый принцип действует, когда Амма делает вид, что гневается на вас. Дети, Амма не испытывает по отношению к вам ни капельки злости. Всегда помните, что у Аммы нет никаких эгоистических побуждений, и что она действует только ради вашего духовного роста. Если Амма всегда будет выказывать вам любовь и нежность, вы не будете заглядывать внутрь себя в поисках истинной Сущности. Дети, для мирянина достаточно заботиться о своих жене и детях, но истинный *санньясин* должен нести на своих плечах бремя всего мира. Поэтому вы должны взращивать в себе силу».

Однажды после обычного *даршана* Амма смогла пойти отдыхать только около четырех часов утра. После того, как она вошла в свою хижину, закрыла дверь и прилегла, один обитатель *ашрама,* как обычно, лег спать перед входом к ее комнату, чтобы никто не мог проникнуть внутрь и потревожить ее. Как раз в это время в *ашрам* пришла девушка, которая опоздала на автобус и прошла пешком весь путь от Коллама, расстояние в тридцать пять километров, чтобы получить благословение Аммы. Когда она узнала, что Амма уже легла отдыхать, у нее упало сердце, но всё же она с тайной надеждой несколько раз громко позвала Амму. Услышав голос девушки, обитатель *ашрама,* лежавший перед дверью Аммы, встал и отругал девушку за то, что она тревожит Амму, и даже попросил ее уйти. В этот момент Амма, которая поняла, что происходит, открыла дверь и вышла навстречу своей преданной. Участливо расспросив ее, Амма утешила ее и заверила в разрешении стоящих перед ней проблем.

Повернувшись к обитателю *ашрама,* у которого вошло в привычку спать перед ее дверью, Амма серьезным тоном сказала: «Я здесь не для того, чтобы наслаждаться отдыхом или комфортом, а для служения ближним и для облегчения их страданий. Их счастье – это мое счастье. Я не нуждаюсь ни в чьих услугах. Я здесь для того, чтобы служить всем. Я должна быть вольна встречаться с кем угодно в любое время. Я никому не позволю мешать мне общаться с преданными, которые приходят ко мне в поисках утешения и помощи. Знаешь ли ты, какого труда стоит этим людям, имеющим весьма скудные сбережения, добраться сюда, и всё лишь для того, чтобы поделиться со мной наболевшим и облегчить свое сердце? Если ты повторишь эту грубость и будешь пытаться диктовать мне правила, указывая, когда я могу принимать преданных, то я распущу эту организацию. Я не хочу никакой миссии, если она не ставит своей целью служение страждущему человечеству. Миссия должна быть предназначена для служения». Сказав это, она запретила этому и всем другим обитателям *ашрама* спать перед ее хижиной.

В другой раз одну больную женщину, которая пришла в *ашрам* к Амме за советом, вырвало на полотенце Аммы. Одна из обитательниц *ашрама*, которая лично заботилась о нуждах Аммы, подцепила полотенце палкой, чтобы передать его для стирки. Увидев это, Амма отругала девушку: «Если ты не способна видеть Бога во всех и служить всем одинаково, какая польза от всех этих долгих лет медитации и служения? Есть ли какая-то разница между мной и этой больной женщиной?» Произнеся эти слова, Амма сама взяла полотенце и выстирала его, запретив девушке заботиться о ее нуждах в течение нескольких последующих дней.

Одного присутствия Аммы достаточно, чтобы воодушевить преданных. Она может вдохновить их и наделить силой сделать что угодно в любое время. Например, если в *ашраме* необходимо выполнить какую-то работу: перенести кирпичи, песок и другие строительные материалы, помочь каменщикам в выполнении бетонных работ, убрать территорию *ашрама* или даже опорожнить канализационный отстойник – обитатели *ашрама* обычно бегают взад-вперед, пытаясь найти среди преданных несколько помощников. Это может быть в три или четыре часа утра, сразу после окончания *бхава-даршана*, когда все преданные собираются спать. Неожиданно в то место, где нужно выполнить работу, приходит Амма. Она всегда начинает работу первой. Несмотря на то, что она давала *даршан* с шести часов предыдущего вечера до трех или четырех часов утра, она работает с большой бодростью и энтузиазмом. Очень скоро *ашрам* облетает весть о том, что Амма носит кирпичи, воду или что-то еще, и к этому месту со всех сторон сбегаются преданные. Самое интересное то, что работа, которая обычно занимает шесть или семь часов, выполняется в течение часа или двух.

Чтобы преданные забыли о тяжести работы, Амма, обладающая прекрасным чувством юмора, смешит их; более того, она готовит горячие напитки и жарит арахис на разведенном поблизости костре и сама раздает лакомства. Когда преданные работают, Амма наставляет их: «Дети, когда вы заняты работой, всегда старайтесь повторять вашу *мантру* или петь духовные песни. Лишь действия, посвященные Господу, являются *карма-йогой* (действиями, выполняемыми в качестве духовной практики). Иначе это будет *карма-бхога* (действия, побуждаемые стремлением к наслаждению).

Даже когда *гопи* из Вриндавана отправлялись продавать молоко, пахту и другие продукты, они выкрикивали: "Кришна, Мадхава, Ядава, Кешава[1]..." На кухне они писали на листочках различные имена Кришны и прикрепляли их к емкостям со специями и другими припасами. Они также выполняли обязанности по хозяйству. Они никогда не сидели сложа руки, но у них в сердце всегда был образ Кришны, а на устах – Его Божественные имена. Дети, старайтесь быть похожими на них».

Амма мягко, спокойно и с любовью отвечает на любые вопросы, кто бы их ни задавал: будь он теистом, атеистом, рационалистом или нигилистом – не обижая людей и не

---

[1] Имена Шри Кришны.

умаляя их идеи. Например, один молодой человек, пришедший в *ашрам,* сказал Амме: «Я не верю ни в духовную философию, ни в духовных учителей. Не лучше ли служить человечеству? Множество людей страдают от бедности и голода. Что делают для них эти так называемые духовидцы? Разве они не тратят время впустую, сидя в праздности?»

Амма спокойно ответила: «Сын, то, что ты говоришь, правильно. Конечно же, служение человечеству важно. Жизнь истинного духовного подвижника должна быть посвящена этому. Амма полностью согласна с твоей точкой зрения. Но что такое настоящее служение? Настоящее служение – это значит оказывать помощь, не ожидая ничего взамен. Кто служит так? Если кто-то хочет помочь бедной семье, это, как правило, продиктовано эгоистичными мотивами. Каждый жаждет известности и признания. Амма знает, что духовный совет не утолит голод человека, прозябающего в нищете. Мы должны испытывать сострадание и любовь к таким людям. Настоящие сострадание и любовь придут только в результате духовной практики. Мы должны иметь в жизни высокий идеал. Мы должны быть готовы жертвовать всем, чтобы поддерживать этот идеал. Это подлинная духовность. Одна только раздача пищи не решит ничьих проблем. Человеку снова понадобится пища. Поэтому наилучший путь – помогать ближним и внешне, и внутренне, то есть не только кормить их, но и, в то же время, подводить к осознанию необходимости внутреннего развития. Это возможно лишь посредством духовного образования. Этот вид служения поможет человеку вести счастливую и уравновешенную жизнь при любых обстоятельствах, даже если он голодает. В действительности духовность – это то, что учит нас вести совершенную жизнь в мире. Сын, всё зависит от ума. Если ум спокоен и безмятежен, то даже самый страшный ад станет обителью счастья, а если ум взволнован, то даже наивысший рай станет местом ужасного страдания.

Покой и безмятежность, без которых невозможно жить, – это именно то, что обретается благодаря духовности и духовным учителям».

Даже самый закоренелый преступник, которого презирают собственные родители, для Аммы – дорогой сын. Даже такой человек скажет: «Амма любит меня больше всех. Я люблю ее больше, чем собственную мать, которая родила меня. Я – дитя Аммы». Таково представление об Амме, запечатленное в сердцах преданных. Даже про жулика Амма скажет: «Какой он хороший сын. Он очень простодушный». Не обращая внимания на плохие качества людей, Амма будет высоко отзываться об их добродетелях, которые, в действительности, могут быть ничтожно малы.

Мы можем непосредственно убедиться, что Амма – источник неистощимой духовной энергии и динамической творческой силы. Хотя Амма уделяет пристальное внимание как духовным, так и материальным потребностям своих преданных, она всегда остается отрешенной и чистой.

Выражая свою любовь и признательность, преданный может сказать: «О Амма, как ты сострадательна ко мне! Твоей милостью у меня хорошая медитация и мой ум пребывает в совершенном покое». Кто-то другой скажет: «О Амма, благодаря твоему благословению все мои семейные проблемы разрешились, а многие мои заветные желания исполнились». Слыша подобные слова, Амма иногда громко смеется и отвечает: *Нама Шивая*! Кто такая Амма, чтобы благословлять кого-либо? Она – всего лишь безумная девушка, которая бродит туда-сюда, потому что некому отправить ее в сумасшедший дом. Я не делаю ничего. Бог делает всё, не делая ничего».

К Амме приходят разные люди. Одни задают вопросы о *кундалини-йоге*, тогда как другим интересно узнать о *нирвикальпа-самадхи* (состоянии пребывания в высшей Сущности). Кто-то жалуется на плохое здоровье. Некоторые родители приходят и со слезами на глазах говорят, что их единственный сын совершенно сбился с праведного пути и предается всем видам порока, и просят Амму спасти его. Некоторые молодые люди жалуются, что, хотя они уже давно закончили учебу, они не могут найти работу. Они говорят: «Пожалуйста, Амма, благослови меня на получение работы». Мужья приходят и говорят, что их жены не честны. Жены говорят, что мужья не любят их. Есть и такие люди, которые просят Амму наказать соседа, или говорят ей, что их корова не дает достаточно молока, или что кокосовые деревья в их дворе приносят мало кокосовых орехов. Некоторые просят благословения Аммы, чтобы успешно сдать экзамены, тогда как другие приходят с неизлечимой болезнью. Некоторые родители потеряли душевный покой, потому что их сыновья хотят отречься от мира. Некоторые после встречи с Аммой начинают серьезно заниматься духовной практикой и приходят получить ее непосредственные наставления относительно продолжения *садханы*. Так можно наблюдать, как за благословениями Аммы приходит весь мир. Она не отвергает никого. Обращаясь со всеми равным образом, она одинаково дарит любовь и нежность и дает каждому предписания в соответствии с его умственной зрелостью и потребностями. Она не только выслушивает проблемы людей, но и дарует им исполнение праведных желаний.

Каждое утро около девяти часов Амма выходит на встречу с преданными, которые в большом количестве стекаются в *ашрам* для получения ее *даршана*. Приглашая каждого подойти поближе, она внимательно выслушивает его проблемы. Амма говорит: «Дети, Амме ничего от вас не нужно, кроме бремени ваших страданий. Амма здесь для того, чтобы нести его». Она сидит, не сходя с места, пока не примет и не утешит каждого. Почти каждый день она завершает *даршан* только к двум или трем часам пополудни. Возвращаясь в свою комнату, Амма просматривает почту или дает предписания обитателям *ашрама*. Она также дает необходимые советы в отношении управления деятельностью *ашрама*. Даже во время еды она дает кому-нибудь наставления или читает чье-то письмо. Нередко она приглашает к себе семью или человека, который пришел на *даршан* слишком поздно. Если это день *бхава-даршана*, то она снова выходит около пяти часов пополудни, чтобы исполнять духовные песнопения. После пения начинается *бхава-даршан*, который может длиться до трех или четырех часов следующего утра. До этого времени Амма сидит в храме, одного за другим принимая преданных и выслушивая их проблемы, духовные и мирские. Она не только выслушивает проблемы людей, но и разрешает их простым прикосновением, взглядом или посредством чистой *санкальпы* (волеизъявления).

Мата Амританандамайи – уникальный феномен даже для священной земли Индии. Являя *бхаву* Ади Парашакти (изначальной высшей Энергии), она неустанно, с каждым дыханием, служит творению Господа. Проявляемые ею безграничные милость и сострадание к заблудшему человечеству – исключительное явление в духовной истории Индии. Пусть ее Божественная жизнь служит путеводной звездой для всех тех, кто стремится к достижению высшего покоя и блаженства Самореализации.

Глава четырнадцатая

Жемчужины мудрости

Величайшая трагедия – это не смерть, а угасание наших врожденных талантов вследствие невнимания к ним.

Мата Амританандамайи

Слова *махатм* исполнены глубокого смысла. Их мудрые наставления в отношении нашей собственной природы, природы мира и Бога дают нам силу и указывают направление, которым следовать в жизни. Приведенные ниже цитаты являются выдержками как из официальных обращений Аммы, так и из ее бесед с преданными и учениками.

⤍⟡⬥⬥⟡⟡⬥⬥⟡⬥⟐⟵

В сегодняшнем мире люди страдают от двух видов бедности: той, что обусловлена отсутствием пищи, одежды и крова, и той, что вызвана отсутствием любви и сострадания. Необходимо прежде всего искоренить второй из этих двух видов бедности – ведь если наши сердца наполнятся любовью и состраданием, мы будем искренне служить тем, кто страдает от отсутствия пищи, одежды и крова.

⤍⟡⬥⬥⟡⟡⬥⬥⟡⬥⟐⟵

Неудовлетворенность – подлинная нищета, удовлетворенность – подлинное богатство.

⤍⟡⬥⬥⟡⟡⬥⬥⟡⬥⟐⟵

Люди действуют в соответствии со своими убеждениями. Общество приравнивает прогресс к обогащению и обладанию материальным достатком. Люди полагают, что деньги – это всё, что «без денег вы ничто». Естественно, их лозунг: «Заработать во что бы то ни стало». Иметь деньги – это абсолютно нормально. Но деньги не должны контролировать человека – человек должен контролировать деньги. К сожалению, человек стал рабом денег. Не собака виляет хвостом, а хвост собакой! В мире, где правят деньги, всё превратилось в сделку, даже любовь, сострадание и такие человеческие

264

взаимоотношения, как брак. Почему? Потому, что люди забыли о фундаментальном жизненном принципе – *дхарме*[1].

❧❖❖❖❖❀

Мы часто слышим, как люди возмущенно спрашивают других: «Вы знаете, кто я?» Если бы вместо этого они спросили сами себя: «Знаю ли я, кто я?» – и занялись искренним самоисследованием, то нашли бы подлинное решение всех жизненных проблем.

❧❖❖❖❖❀

Родителям следует прививать детям духовные ценности с самого раннего возраста. Ум ребенка подобен незастывшему цементу: отпечатки на нем остаются навсегда.

❧❖❖❖❖❀

Если мы превысим скорость или проедем на красный свет, то дорожные камеры зафиксируют номер нашей машины и нас оштрафуют. Мысль о такой возможности помогает нам соблюдать правила дорожного движения. В результате в сфере транспорта возникает определенный порядок. Так и вера в Бога, или высшую Реальность, или нашу истинную Сущность, помогает нам контролировать ум и мысли. Подобным образом достигается внутренняя гармония.

❧❖❖❖❖❀

---

[1] Это слово имеет много значений: Божественный закон, закон существования в соответствии с Божественной гармонией, праведность, религия, обязанность, ответственность, добродетель, справедливость, добро и истина.

Человек подобен семени. Подлинная форма семени – это форма дерева. Реальность, стоящая за каждым человеком, – это чистое сознание. Пока семя не станет деревом, оно будет пребывать во тьме своей внешней оболочки. Это мучительное и жалкое состояние. Так и мы, подобно семени, будем испытывать лишь страдания и не сможем наслаждаться беспредельным блаженством сияющей высшей Сущности, пока не сломаем внешнюю оболочку эго. Таково послание всех совершенных Учителей.

※

Если вдуматься, разве нам нужны какие-то особые поводы для праздника? Сама по себе жизнь – это уже достаточный повод. Родиться человеком – это уже само по себе достаточное основание для праздника. Более того, существуют птицы, деревья, реки, беспредельное небо и бессчетные звезды. Разве всего этого не довольно, чтобы возрадоваться? Вместо этого мы гоняемся за объектами наших бесконечных желаний и в результате испытываем надлом и изнеможение.

※

Чтобы исполнить даже одно желание, необходимо большое умственное напряжение. Что же говорить о тысячах желаний? Жизнь превращается в безумную гонку, в результате которой наступает полное физическое и умственное истощение.

※

На самом деле, то, что мы наблюдаем сегодня в мире, – это не праздник, а лишь «развлечение». Развлечение нельзя назвать праздником, потому что в празднике мы участвуем непосредственно. Если же это развлечение, то мы являемся всего лишь зрителями. Если это развлечение, то мы подобны людям, наблюдающим за танцем, а если праздник, то людям, которые сами танцуют.

⊹≫⟐⟐⟐≪⊹

Разве нам не приходилось слышать, как люди говорят: «Сегодня был плохой день»? Мысли о том, что некоторые дни являются плохими, а некоторые – хорошими, не более чем порождение ума. В один из таких «плохих дней» мы можем даже выиграть в лотерею. Наше восприятие меняется по мере изменения обстоятельств, не правда ли? Разве с нами никогда не случалось такого, чтобы день, который мы назвали «плохим», в конечном счете оказался «хорошим»?

⊹≫⟐⟐⟐≪⊹

Только люди способны совершать злые поступки, будь то сознательно или неосознанно. Нет смысла винить Бога в результатах таких поступков. Однако, если мы тщательно проанализируем так называемое «плохое», происходящее с нами на жизненном пути, мы осознаем, что оно для нашего же блага.

⊹≫⟐⟐⟐≪⊹

Люди полагают, что без эго невозможно ничего достичь. Но это заблуждение. За всеми великими достижениями, включая революционные научные изобретения, стоит нечто, превосходящее эго. Усилие – это эго, но нужный результат наступает только тогда, когда мы отпускаем эго. Мы должны прилагать усилия. Однако следует также знать, как и когда отбросить эго. Вообразите царство, в котором каждый хочет быть царем, но никто не хочет служить. Там будут только

267

берущие и не будет дающих. Это породит нетерпимость и конфликты.

⟡

Ни научный прогресс, ни образование, ни повышение уровня физического комфорта не принесут мира и счастья. Если они способны это сделать, то почему люди, живущие в роскошных домах, в комнатах с кондиционерами, совершают самоубийства? Почему люди, живущие в комфорте, принимают снотворное, чтобы крепко спать? Чтобы ощущать мир и счастье, нам необходимо «кондиционировать» наш ум. Именно в этом помогает духовная практика. Это духовное послание – величайший дар Индии миру.

⟡

Разные культуры и нации подобны разным цветам, растущим в саду. Это разнообразие наполняет сад красотой и жизнью.

⟡

По отдельности ни наука, ни духовность не могут решить проблем, стоящих перед человечеством. Лишь их синтез может сотворить чудо и дать необходимые результаты.

⟡

Когда политика рассматривается как способ служить обществу, а не как профессия, она естественным образом становится более гуманной и духовной.

⟡

Молодежи сегодня недостает способности к правильному суждению. Чтобы развить способность к распознаванию, недостаточно иметь много информации. Необходимо взрастить веру в космическую силу – силу, находящуюся за пределами ума и интеллекта. Нам следует избавиться от эгоистичного представления, что мы можем добиться в жизни успеха благодаря одному лишь усилию. Мы должны склониться перед космической силой, и тогда она наполнит нас.

⊱◈◈◈⊰

Жизнь сегодняшнего общества подобна жизни человека, страдающего от сильной лихорадки. По мере того, как лихорадка прогрессирует, больной начинает бредить. Указывая на стул, стоящий на полу, он спрашивает: «Почему этот стул летает?» Что можно на это ответить? Большинство из нас живет в таком состоянии.

⊱◈◈◈⊰

Родители должны давать детям не только материальное благосостояние. Они должны также прививать им духовные ценности. Даже если человек купит самую дорогую машину и наполнит бак самым высококачественным бензином, для того чтобы завести двигатель, нужен аккумулятор. Сколько бы дети ни получили материальных средств и интеллектуальных знаний, именно любовь и духовные ценности, полученные от родителей, помогают им отдавать и получать любовь, справляться с трудными жизненными ситуациями.

⊱◈◈◈⊰

Сегодня стадия человеческой жизни, называемая юностью, исчезает: из детства человек переходит прямо во взрослое состояние. Юность – это центральная точка жизни, когда человек не является ни ребенком, ни взрослым. Это период, когда человек может жить «здесь и сейчас» и тренировать ум соответственно необходимости.

~✦~

Мы постоянно стремимся усилить свои позиции в области политики, вооружения, экономики, науки и техники. Осталась ли еще какая-то сфера, которую мы не исследовали? Мы так сосредоточены на этих областях и так долго использовали метод наращивания потенциала, но обрели ли мы истинный мир и удовлетворенность? Нет. Время показало, что этот метод сам по себе не способен принести нам удовлетворения. Мы сможем обрести мир и удовлетворенность, к которым стремимся, только если будем также уделять внимание сфере, которую нам еще предстоит исследовать, – духовности – и будем взращивать духовную силу.

~✦~

Те, кто сидят сложа руки и говорят: «Всё сделает Бог», – лентяи. Бог дал нам разум, чтобы, совершая каждое действие, мы использовали способность к распознаванию. Если мы будем говорить, что обо всем позаботится Бог, то зачем нам разум и способность к распознаванию?

~✦~

Природа мира такова, что он постоянно меняется. Поэтому мы испытываем в жизни подъемы и спады. Когда мы сидим за рулем автомобиля, нам приходится переключать скорость в зависимости от того, куда мы едем – в гору или с горы. Подобным образом, сталкиваясь с разными жизненными ситуациями, мы должны уметь терпеливо «переключать передачи» нашего ума.

***

Когда люди собираются вместе, это должна быть не просто встреча людей, а встреча сердец.

***

В сегодняшнем мире способность толковать духовные истины на свой лад считается мерилом достоинства духовного учителя. Неспособность делать это считается слабостью. Но духовные истины никогда не должны толковаться произвольно. Они должны передаваться так, чтобы способствовать развитию личности и общества. Вот почему те, кому доверено передавать духовное знание, должны быть зрелыми, обладать проницательностью и большим сердцем. Только тогда в человеке, получившем знание, будут возрастать доброта и благородство.

***

Проблемы возникают тогда, когда мы говорим: «Только моя религия хороша, а ваша плоха». Это всё равно что сказать: «Моя мать – идеальная женщина, а твоя мать – проститутка». Когда мы обсуждаем какой-то вопрос, мы должны уважать все точки зрения. Лишь в этом случае наше общение с другими людьми будет плодотворным.

***

Неправильно говорить, что духовность основана на слепой вере и что лежащие в ее основе принципы не доказаны. Современные ученые исследуют внешний мир, а великие мудрецы прошлого проводили исследования во внутренних лабораториях своего ума. С этой точки зрения они тоже были учеными. В действительности, фундаментом подлинной религии является не слепая вера, а самовопрошание, глубинное самоисследование.

✦❖❖❖✦

Люди судят о других по тому, есть ли у них богатство, власть и положение в обществе. Когда человек их теряет, его статус понижается. Таков закон мира. В духовной сфере всё иначе. Когда мы избавляемся от таких представлений, как «я» и «мое», когда исчезают привязанности, мы становимся великими. Именно тогда человек становится Богом.

✦❖❖❖✦

Чтобы заниматься бизнесом, многие люди получают степень магистра делового администрирования или как-то иначе повышают свою квалификацию. Чтобы научиться управлять пятьюстами людьми, на самом деле нужно научиться управлять пятьюстами умами. Однако, несмотря на все наши знания, мы не можем научиться властвовать над собственным умом. Мы учимся управлять внешним миром, но мы должны в равной степени обучаться тому, как управлять внутренним миром. Иначе мы останемся развитыми лишь наполовину. Для того, чтобы управлять внутренним миром, необходимо духовное знание.

✦❖❖❖✦

Скорее всего, любой член экипажа может управлять судном, когда море спокойно. Но когда налетает шторм и начинают вздыматься волны, только капитан способен довести судно до пункта назначения. Умелому пловцу доставляет радость плавать среди океанских волн, но неопытный пловец может утонуть. Подобным образом, только тот, кто впитал духовные принципы, может уверенно справляться со сложными жизненными ситуациями, не теряя самообладания.

⁘

Жизнь Шри Рамы была полна тягот и невзгод. Он не только был изгнан в лес на четырнадцать лет – его жена, Сита Дэви, была похищена Раваной. Несмотря на это, Шри Рама никогда ни на мгновение не сворачивал с пути справедливости и *дхармы* (праведности). Шри Кришна тоже с самого рождения сталкивался с многочисленными опасностями. Но если нас спросят, каково послание Кришны, нам придется ответить: «Прекраснейшая улыбка». Христос жил очень просто. Он носил простую одежду и жил под открытым небом. Несмотря на это, он всегда был счастлив и исполнен покоя. Шри Будда, Магомет и многие другие совершенные Учителя сталкивались в жизни с невообразимыми трудностями и подвергались тяжелым испытаниям. Несмотря на это, они были полностью удовлетворены. Удовлетворенность в любых обстоятельствах – это истинная духовность.

⁘

Если у нас произошел сбой на телефонной линии, телефонная компания помогает нам устранить проблему. Если у нас плохо работает кабельное телевидение, мы вызываем представителя компании-оператора. Если у нас нет соединения с интернетом, мы вызываем компьютерного мастера. Подобным образом, чтобы восстановить соединение с Божественным, необходим совершенный Учитель. Совершенный Учитель показывает нам, как вернуть в свои руки «пульт управления» умом.

Дети мои, Амма не говорит, что вы должны верить в Амму или в Бога, пребывающего на небесах. Верьте в себя. Всё – внутри вас. Бог – это не существо, восседающее на золотом троне над облаками и вершащее суд над людьми. Бог – это чистое сознание, пребывающее во всем.

Те, кто полагают: «Я – это ограниченное тело», – никогда не смогут забыть себя. Чтобы преодолеть эго, необходима твердая вера, что наше сознание и универсальное сознание – одно и то же. Когда рождается такая вера, жизнь становится настоящим праздником.

В сегодняшнем мире, где существует множество гуру, утверждающих, что они обладают духовными силами, и обещающих различные блага и достижения, трудно отличить подлинное от поддельного. Но помните: настоящий духовный Учитель ни на что не претендует. Он приносит себя в дар миру. Если вы принесли себя в дар миру, как вы можете на что-то претендовать? Настоящий Учитель, *Садгуру*, – это тот, кто преодолел симпатии и антипатии, кто любит всех одинаково, в чьих глазах все равны. *Садгуру* течет вольно, словно река.

Если вы узнали о существовании магазина, в котором можно купить всё необходимое, зачем вам обходить все другие магазины? Это будет пустой тратой времени. Подобным образом, если вы нашли совершенного Учителя, *Садгуру*, вам больше не нужно скитаться. Просто занимайтесь духовной практикой и старайтесь достичь цели.

⊰◈◈◈⊱

В Библии есть притча о человеке, чей ум был одержим тысячей демонов. Несчастный ходит, как неприкаянный, кричит, совсем не ведая покоя и счастья. Наконец, приходит Христос и изгоняет демонов. Эти демоны, на самом деле, – негативные мысли, проникнутые эгоизмом, завистью, гневом и ненавистью. Когда человека одолевают тысячи таких мыслей, он полностью лишается счастья и умственного покоя. Такой раздираемый на части ум может стать цельным лишь в присутствии совершенного Учителя.

⊰◈◈◈⊱

Мокша, освобождение от страданий, – это не то, что должно быть обретено после смерти, в каком-то ином мире, а то, что должно быть испытано, когда человек живет здесь, в этом мире.

⊰◈◈◈⊱

Если спросить гитариста или певца, откуда берется музыка, они, возможно, ответят: «Из сердца». Но если сделать операцию и вскрыть сердце, найдем ли мы там музыку? Если они скажут, что музыка льется с кончиков пальцев или из горла, найдем ли мы музыку, если будем там искать? Так откуда берется музыка? Она приходит из сферы, находящейся за пределами тела и ума. Эта сфера – обитель чистого сознания, Бога.

⊰◈◈◈⊱

Для тех, кто познал Бога, не существует различия между мужчиной и женщиной. В глазах тех, кто познал Бога, все равны.

⊰❖❖❖❖⊱

Если где-то в мире существуют правила, мешающие женщинам пользоваться их законной свободой и препятствующие их социальному развитию, то это не Божественные заповеди: такие правила являются результатом человеческого эгоизма.

⊰❖❖❖❖⊱

Какой глаз важнее, левый или правый? Оба одинаково важны. То же самое справедливо в отношении общественного статуса мужчины и женщины. И мужчина, и женщина должны сознавать свои уникальные обязанности, свою *дхарму*.

⊰❖❖❖❖⊱

Стремясь восстановить свое законное положение в обществе, женщины никогда не должны терять присущей им женской природы. Подобная тенденция наблюдается во многих странах, но это никогда не принесет женщинам истинной свободы. Настоящую свободу невозможно обрести, подражая мужчинам. Если женщины забудут о женском принципе, это приведет и женщин, и общество к полному краху. В результате проблемы, стоящие перед миром, не только не будут решены, напротив, они обострятся. Если женщины будут пренебрегать своими женскими качествами и попытаются уподобиться мужчинам, культивируя лишь мужские качества, дисбаланс в мире только усилится. Не это необходимо в нашу эпоху. Необходимо, чтобы женщины всеми силами помогали обществу, развивая принцип универсального материнства, а также заложенные в них мужские качества.

━◦◦◈◇◈◇◈◇◈◦◦━

В прошлом мужчины были подобны однополосным дорогам с односторонним движением. Теперь они должны стать подобны широким магистралям. Они должны не только помогать женщинам продвигаться вперёд, но и уступать им дорогу. Возможно, у мужчин больше физической силы, чем у женщин, но эта сила должна использоваться для того, чтобы поддерживать женщин, а не подавлять их. Организации должны рассматривать возможность выдвижения женщин на руководящие посты. Но мы должны помнить, что равенство – это не вопрос власти или положения в обществе. Настоящее равенство – это состояние ума.

━◦◦◈◇◈◇◈◇◈◦◦━

К сожалению, наш подход к образованию не сбалансирован. Мы тратим всю жизнь на то, чтобы попытаться узнать всё возможное о внешнем мире и жизни других людей, но никогда не пытаемся познать себя и свой внутренний мир.

━◦◦◈◇◈◇◈◇◈◦◦━

Сегодня, если школа даёт «образование, основанное на ценностях», то приходится специально это указывать. Из этого следует, что ценности не являются неотъемлемой частью образования. Однако понятие «образование, основанное на ценностях», должно считаться избыточным, поскольку прививать ценности – это и есть задача настоящего образования. К сожалению, ценности и образование стали рассматриваться как нечто, существующее отдельно одно от другого. В сегодняшней системе образования отсутствует фактор, объединяющий жизнь, людей, общество и природу. Этот фактор – духовные ценности.

→❖◆◇◆◇◆◇❖←

На самом деле, в творении нет ничего незначительного – у всего есть свое место. Всем известно, что самолет не сможет взлететь, если у него будет поврежден двигатель. Некоторые винтики в самолете тоже жизненно необходимы для его нормальной работы. Если один из таких винтиков разболтается, самолет не сможет подняться в воздух. Разве мы можем выбросить винтик со словами: «Это всего лишь маленький, незначительный винтик. Важен только двигатель»? Конечно, нет. Всё имеет свое значение. Нет ничего незначительного.

→❖◆◇◆◇◆◇❖←

Медитативный ум и духовное понимание необходимы для обретения ясности и утонченности мыслей и действий. Считать духовность отличной от жизни – невежество. Как пища и сон необходимы для здоровья тела, так духовное понимание необходимо для здоровья ума.

→❖◆◇◆◇◆◇❖←

Если, когда мы идем, наш ум внезапно прикажет ногам остановиться, они остановятся. Если, когда мы хлопаем в ладоши, наш ум прикажет рукам замереть, они немедленно замрут. Но если мы прикажем мыслям остановиться, послушаются ли они нас? Нет. Нам следует развить такой же контроль над умом, каким мы обладаем над физическим телом. Это цель медитации.

→❖◆◇◆◇◆◇❖←

Любовь – наша истинная сущность. Любовь не знает различий между расами, цветом кожи, вероисповеданиями или национальностями. Мы все подобны бусинам, нанизанным на нить любви. Мы должны пробудить эту любовь, которая является нашей внутренней объединяющей силой. Где бы мы ни были, природа огня – жар, а природа меда – сладость. Подобным образом, хоть страны могут разниться языком и культурными традициями, любовь и мир везде одни и те же. Они универсальны.

⤚⟡⬦⬦⬦⟡⤙

Нет предела человеческим желаниям. Они подобны бездонной пропасти. Сколько бы желаний мы ни осуществили, мы всё равно не будем удовлетворены. Каковы бы ни были обстоятельства, наши умы никогда не будут по-настоящему счастливы. Если мы не сможем контролировать желания, наш ум никогда не познает любви. Где нет любви, там никогда не будет настоящего праздника.

⤚⟡⬦⬦⬦⟡⤙

Чтобы быть сострадательным по отношению к бедным, не нужно иметь много денег или высокое положение в обществе. Доброе слово, сострадательный взгляд или маленькая услуга могут озарить светом их жизни – и наши тоже. Ценность нашей жизни определяется не тем, что мы получаем, а тем, что мы способны отдать. Если мы способны сделать счастливым хотя бы одного человека, хотя бы на одну минуту, это уже само по себе большое достижение.

⤚⟡⬦⬦⬦⟡⤙

Поскольку ученики и учителя в большинстве школ имеют разные взгляды на религию, вопрос преподавания религии в школе является спорным. И всё же следует всерьез задуматься над тем, как можно преподавать духовные ценности. Духовность – это не то же самое, что религия: ее можно назвать принципом, лежащим в основе всех религий. Каковы бы ни были наши религиозные воззрения, духовность – это путь к миру и счастью.

⊰♦♦♦⊱

Венцом религии должна быть духовная реализация. Подлинная цель религии заключается в том, чтобы выйти за пределы религиозных барьеров.

⊰♦♦♦⊱

Религия и духовность – это ключи, с помощью которых мы можем открыть наши сердца и начать испытывать ко всем сострадание. Но наши умы, ослепленные эгоизмом, потеряли способность к правильному суждению, и наше восприятие стало искаженным. В результате тьма еще больше сгущается. Из-за нашей неспособности к распознаванию, ключи, предназначенные для того, чтобы открыть наши сердца, наглухо их закрывают.

⊰♦♦♦⊱

У разных людей разные отпечатки пальцев и черты лица. Всё, что сделано по одному шаблону, будь то иголка, ботинок или фигурка, будет идентичным. Однако в Божественном творении нет двух одинаковых травинок или цветочных лепестков. Что же говорить о людях! Бог послал нас на землю, наделив особыми скрытыми способностями. У каждого из нас есть жизненное предназначение, которое можем исполнить только мы. Цель нашей жизни – пробудить эту особую внутреннюю силу. Проявление этой силы – вот что дает смысл нашему рождению. Именно тогда жизнь становится радостным сотворчеством.

⟡

Образование должно иметь два аспекта: познание внешнего мира и постижение мира внутреннего. С этой точки зрения в современной системе образования наблюдается серьезный дисбаланс. Мы придаем слишком большое значение приобретению знаний о внешнем мире и полностью игнорируем внутренний мир. Любовь, сострадание и забота о ближних должны стать частью учебной программы. Недостаточно только преподавать эти ценности. Мы должны также стать образцами для подражания. Каждый из нас должен стать образцом для подражания. Сознаем мы это или нет, но кто-то ждет, что получит от нас вдохновение.

⟡

К несчастью, современная система образования полностью основана на слепой и алогичной конкуренции. «Свали впереди стоящего человека и вскарабкайся на него!» – вот чему нас учат. Жестокость, ненависть и месть получают оправдание. Сегодняшняя система образования учит лишь создавать желания, но не контролировать их. Неконтролируемые желания подобны красивой машине, которая может развить большую скорость, но не имеет тормозов: авария неизбежна.

⟡

Основной причиной всякого разрушения является эго. Существует два вида эго, порождающих в мире страдание. Одно – эго власти и богатства. Другое – эго, которое полагает: «Только я прав. Все остальные заблуждаются. Я не потерплю никаких иных точек зрения. Только моя религия истинна. Все остальные ложны. Они не нужны». Если не искоренить эти два типа эго, в мире не будет мира.

✦❖✦

Природа подобна курице, несущей золотые яйца. Если мы убьем курицу и захотим забрать все золотые яйца сразу, мы потеряем всё. Мы должны прекратить загрязнять и эксплуатировать природу. Мы должны защищать её, чтобы обеспечить не только свое выживание, но и выживание будущих поколений. Природа – это дерево исполнения желаний, которое в изобилии снабжает человечество всем необходимым. Однако сегодня мы уподобились глупцу, который рубит сук, на котором сидит.

✦❖✦

Природа – наша первая мать. Наша биологическая мать, возможно, позволяет нам сидеть у нее на коленях несколько лет, но Мать-Природа терпеливо выдерживает груз нашего тела, позволяя нам топтать ее всю нашу жизнь.

✦❖✦

Природа – это огромный цветочный сад. Звери, птицы, деревья, растения и люди – разноцветные цветы в этом саду. Красота этого сада совершенна лишь в том случае, если все они сосуществуют в согласии, распространяя вибрации любви и единства. Пусть наши умы станут едиными в любви. Давайте сообща трудиться, чтобы не дать этим многоликим цветам увянуть, дабы сад вечно оставался прекрасным.

www.ingramcontent.com/pod-product-compliance
Lightning Source LLC
Chambersburg PA
CBHW071210090426
42736CB00014B/2760